国家社会科学基金项目“基于范畴论的语言逻辑研究”
(项目批准号09CZX031)研究成果

# 范畴、语境与博弈

## 语言逻辑研究新视角

文学锋◎著

科学出版社
北京

**图书在版编目（CIP）数据**

范畴、语境与博弈：语言逻辑研究新视角/文学锋著. —北京：科学出版社，2013.11

ISBN 978-7-03-038986-2

Ⅰ.①范… Ⅱ.①文… Ⅲ.①语言逻辑学-研究 Ⅳ.①H0-05

中国版本图书馆 CIP 数据核字(2013)第 254812 号

责任编辑：樊 飞 侯俊琳 唐保军 / 责任校对：桂伟利

责任印制：李 彤 / 封面设计：无极书装

编辑部电话：010-64035853

E-mail: houjunlin@mail.sciencep.com

**科学出版社** 出版

北京东黄城根北街 16 号

邮政编码：100717

http://www.sciencep.com

**北京凌奇印刷有限责任公司** 印刷

科学出版社发行 各地新华书店经销

*

2013 年 11 月第 一 版 开本：720×1000 1/16

2021 年 8 月第三次印刷 印张：10 1/4 插页：2

字数：220 000

**定价：58.00 元**

(如有印装质量问题，我社负责调换)

# 前　言

现代逻辑自诞生起就与语言有着密切的联系。Frege 因为抛弃传统的主谓语法结构，发明函项-论元结构的谓词语言而一举创立了现代逻辑，克服了 Aristotle 的三段论无法刻画关系推理的局限。Wittgenstein 利用现代逻辑为语言界定了边界，规定了哪些是可以言说的、哪些是只可显示的 (shown)，建立了逻辑、语言与世界三者之间的联系。Russell 将现代逻辑用于自然语言分析，指出了像“当今法国国王是秃头”这样的语句背后的深层逻辑形式，开分析哲学之先河。当 Tarski 创立了现代逻辑的语义理论后，现代逻辑成为与“有缺陷的”、模糊的、有歧义的自然语言相对照的“完美的”、无歧义的、精确的形式化语言。然而，运用以一阶谓词语言为核心的现代逻辑对自然语言进行推理仍然存在两个根本性的难题。

第一，自然语言中存在一些内涵性的表达无法恰当地翻译为一阶谓词语言。例如，尽管我们可以把“Jumbo is a pink elephant”翻译为 $P(j)\wedge E(j)$，但却不能把“Jumbo is a small elephant”翻译为 $S(j)\wedge E(j)$。这样一来，一些内涵性的复合谓词在一阶谓词语言中就只能处理为原子谓词，从而损失关于这些复合谓词的推理：当把 small elephant 处理为与 elephant 不同的初始谓词时，将不能在形式语言中再现由 Jumbo is a small elephant 得到 Jumbo is an elephant 这样的推理。

第二，由于一阶谓词语言与自然语言在语法结构上有较大差异，这就使得将自然语言翻译为形式语言成为具有技巧的工作，而不能通过机械的方法自动完成。例如，同样是主谓结构的 John is a man 和 Every boy loves games，在翻译为形式语言后，前者是 $M(j)$，后者则变成了 $\forall x(B(x)\rightarrow L(x))$ 这样的量化蕴含结构。如果试图用机器实现对自然语言的自动推理，那么将自然语言翻译为一阶谓词语言这一步将很难通过机器完成。

Montague 在 20 世纪 70 年代提出了一种革命性的观点。他认为自然语言本身就是一种形式语言，在自然语言与形式语言之间并没有不可逾越的鸿沟。通过引入高阶类型语言，Montague 表明，可以直接根据自然语言的表层语法将其翻译为形式语言。自 Lambek 发明了用于刻画范畴语法的逻辑演算后，从自然语言到形式语言的翻译就可以通过推理自动完成了。

不过，上面提到的第一个困难仍然没得到根本解决。尽管可能世界语义的出现在一定程度上缓解了内涵性问题，但内涵修饰和超越逻辑等价的意义区分问题仍然亟需新的技术手段来解决。本书第一部分和第二部分分别从范畴和语境角度对这两个问题进行了尝试。

为了对自然语言更好地作出形式刻画，我们不仅需要发明更多的逻辑工具，而且也需要对逻辑语言给出新的语义。由 Hintikka 开创的博弈语义即是对传统 Tarski 语义的重要替代。博弈语义的发明为逻辑语言提供了更加灵活的语义框架。本书第三部分通过引入新的博弈者和博弈结构对已有的博弈语义作出发展，进而为自然语言的形式刻画提供新的逻辑工具。

下面我们对本书各章内容作简要介绍。本书分为三大部分，分别从范畴、语境和博弈角度对逻辑语言，以及自然语言的形式语义进行了研究。

**第一部分：范畴论语义**

第 1 章：范畴论基础。介绍了范畴论中最重要的基本概念，以及与范畴论语义密切相关的概念，包括范畴、函子、自然变换、极限等基本概念，以及卡氏闭范畴、单群范畴、单子等与范畴论语义相关的概念，最后还简要介绍了范畴论在认知科学领域（包括语言学）的应用。

第 2 章：逻辑语言的范畴论语义。介绍了基于范畴论的逻辑语义，包括一阶谓词逻辑、类型逻辑（lambda 演算）、子结构逻辑和模态逻辑的范畴论语义。

第 3 章：自然语言的范畴论语义。综述了基于范畴论的自然语言语义，包括内涵三段论的范畴论语义、非布尔否定的范畴论语义，以及组合性与语境性的范畴论解释。

第 4 章：基于范畴论的内涵推理。首先介绍了预群语法，然后介绍了如何在预群语法的基础上，运用范畴论统一组合性语义与分布式语义，最后我们给出了基于组合性分布式语义进行内涵推理的方法。

**第二部分：语境内涵语义**

第 5 章：内涵逻辑。介绍了内涵逻辑的哲学动机、语形思想和语义思想，归纳总结了内涵逻辑面临的超内涵问题。

第 6 章：超内涵逻辑。综述了已有的超内涵逻辑，包括外延主义超内涵逻辑和内涵主义超内涵逻辑，指出了所有超内涵逻辑面临的共同问题，提出了解决该问题的内涵语境主义思想。

第 7 章：语境超内涵逻辑。在内涵语境主义思想的指导下，运用代数语义分别基于对语境的不同刻画，给出了两种不同的语境超内涵逻辑，证明了逻辑的可靠性和完全性，运用语境超内涵逻辑部分解决了“分析悖论”难题，提出了将语境处理为范畴的思想。

第 8 章：极小内涵逻辑。以 IMA 语言为对象，给出了一种极小的内涵逻辑，并讨论了其若干扩充系统，证明了这些逻辑的可靠性与完全性，揭示了自然语言语义的共同特征，为自然语言的形式语义提供了更具一般性的框架。

**第三部分：博弈语义**

第 9 章：多主体博弈与多值逻辑。构造了一种特殊的多值逻辑，从而将博弈语义扩展至多值逻辑和多主体博弈，进一步拓展了运用博弈对逻辑语义进行建模的空间。

第 10 章：不完全信息博弈与部分逻辑。通过引入随机行动或伪玩家，给出了部分逻辑(partial logic)的博弈语义，重新考察了 IF 逻辑与博弈之间的联系，给出了将随机行动或伪玩家引入其他逻辑博弈，以及博弈逻辑的方法。

# 目　录

# Ⅱ　语境内涵语义



# Ⅲ　博 弈 语 义

# I

# 范畴论语义

范畴论是用于描述一般和抽象结构的数学理论。与集合论不同，范畴论更关心的不是结构中的对象，而是各对象之间的关系。更高阶的范畴论(higher category theory) 则不但考察对象间的关系，还考察关系间的关系，关系间关系的关系，等等①。

范畴论的基本概念最早由 Eilenberg 和 Mac Lane 于 1945 年提出。范畴论的出现被看成是 20 世纪下半叶的一次数学革命 (Landry and Marquis, 2005)。范畴论之所以强大，原因之一在于其对自身的包容性。例如，函子是范畴间的函数，本来是范畴之外的概念，但它们又可以看成是另一个范畴 (函子范畴) 里的对象，从而又被包含在范畴之中。这种自包容性源于范畴论中的函数 (箭头) 与对象处于平等地位，而不是将函数还原为对象的集合。由于这种包容性，范畴论可以将很多看似不相关的数学概念或结构统一起来，②从而不但能简化证明 (很多具体数学分支的证明抽象到范畴论下变得极其简单，或成为某个一般结论的推论)，而且为将一个数学领域的知识迁移到另一个数学领域提供了方便。范畴论强大的另一个原因是其对偶性思想。范畴论的对偶原理可以将数学概念和理论简化一半，很多看上去差异巨大的数学结构在范畴论观照下成为对偶概念，从而可以相互借鉴。由于这些特点，运用范畴论可以对逻辑语言给出更加灵活、丰富和统一的形式语义。

对于自然语言而言，内涵性、模糊性、多义性等仍是自然语言语义面临的基本难题。困难的根源在于：现有的以类型逻辑为主要代表的逻辑语义是用函数来解释自然语言的，函数则被归约为集合，而集合论的外延公理和属于关系的确定性使得其难以处理内涵性和模糊性。模糊逻辑和模糊数学在一定程度上改造了经典集合论的属于关系；一些非经典集合论则试图通过抛弃外延公理来刻画内涵现象 (Jubien, 1988)。然而这些改造一方面难以脱离集合论的整体框架，另一方面又舍弃了太多已被经典数学承认的内容，因此其解决方案仍不尽如人意。基于范畴论的方法何以有希望解决这些语言逻辑的难题呢？这是因为，范畴论的基本单位“范畴”不但包括对象，还包括对象

① 参见 Baez, 1997。

② 例如，最小公倍数与向量空间的直积这两个貌似毫无关系的概念在范畴论下是同一概念的特例。

之间满足一些基本性质的态射关系，而不像集合论那样将态射关系归约为对象的集合。这就使得范畴论的基本单位比集合论的基本单位在结构上更为丰富，从而更具灵活性和表现力。与基于集合论的语义理论相比，基于范畴论的语义理论有如下优点：

首先，基于范畴论的语义可以包括传统的语义理论。基于标准集合论的一些概念，如塔斯基语义在范畴论中可以获得自然的推广 (Marquis, 2011)。

其次，由于集合是范畴的一种特例，因而基于范畴的语义可以抛弃那些由集合概念决定的特殊要求。例如，外延性是集合论的基本性质，范畴论则可以不必假定外延性，一些在集合论下的非经典逻辑 (如直觉主义逻辑、内涵逻辑) 在范畴论下变成基本的和自然的逻辑 (Ghilardi and Zawadowski, 2002)，一些烦琐的定义也可以在范畴论下得到简化处理。① 这就使得在非经典逻辑的基础上构造为自然语言服务的逻辑语义比原来更加方便和自然。

再次，由于范畴比集合的结构更丰富，被集合抽象掉的性质可以在范畴论中得以表达 (Ellerman, 1988)。例如，在集合论中，一个 sup 格也是一个 inf 格，因此到底用哪一个并无区别，但在范畴论中，sup 格的态射却完全不同于 inf 格的态射，二者的区别是实质性的 (Reyes et al, 1999)。因而范畴论比集合论具有更精细的刻画能力，更适合于处理自然语言。

最后，由于基于集合论的函数被归约静态的集合，因而难于刻画动态性和过程性。相反，态射关系在范畴论中是初始对象，因而在刻画自然语言的动态性上更加容易 (Goldblatt, 1984)。

由于范畴论与集合论在看待事物的基本观点上存在重要区别 [集合论是自底向上的，范畴论则是自顶向下的 (Awodey, 2004)；集合论强调内部构造，范畴论强调外部关系]，因而其对语言逻辑产生的影响或将更甚以往。事实上，范畴论不但可以用来发展形式语义理论，而且在可以用于形式语用学。②

本部分首先介绍了范畴论的基本概念，包括范畴、函子、自然变换、极限及卡氏闭范畴、单群范畴、单子等；其次介绍了基于范畴论的逻辑语义，包

① 如 Lambek(1988) 将 Montague 那里的从语法分析树 (范畴语法证明) 到内涵的转换函数，处理为双闭单群函子 (biclosed monoidal functor)。

② 如 Ranalter(2008) 构造了一种基于范畴论语义的语用逻辑。

括一阶谓词逻辑、类型逻辑 (lambda 演算)、子结构逻辑和模态逻辑的范畴论语义；然后综述了基于范畴论的自然语言语义，包括内涵三段论的范畴论语义、非布尔否定的范畴论语义，以及组合性与语境性的范畴论解释；最后介绍了预群语法，以及如何在预群语法的基础上运用范畴论统一组合性语义与分布式语义，并给出了基于组合性分布式语义进行内涵推理的方法。

# 第 1 章

# 范畴论基础

## 1.1 基本概念

### 1.1.1 范畴

**定义 1.1** (范畴 category) 一个*范畴* $\mathcal{C}$ 由一组对象 $\mathrm{Ob}\mathcal{C}$、一组箭头 $\mathrm{Ar}\mathcal{C}$ 和一个箭头间的二元运算 $\circ$ 构成，并满足：

(1) 每个箭头 $f$ 都有两个对象 $\mathrm{dom}(f)$ 和 $\mathrm{cod}(f)$，分别称为 $f$ 的域(domain) 和协域(codomain)，一个具有域 $A$ 和协域 $B$ 的箭头 $f$ 记作

$$f : A \to B\text{或}A \xrightarrow{f} B$$

(2) 每个对象 $A$ 都有一个*恒等箭头*(identity)$1_A : A \to A$；

(3) 对任意首尾相连的箭头 $A \xrightarrow{f} B \xrightarrow{g} C$，存在由运算 $\circ$ 得到的箭头 $A \xrightarrow{g \circ f} C$；

(4) 运算 $\circ$ 满足结合律，即对任意箭头 $A \xrightarrow{f} B \xrightarrow{g} C \xrightarrow{h} D$，有

$$h \circ (g \circ f) = (h \circ g) \circ f$$

(5) 恒等箭头满足：对任意 $f: A \to B$，有

$$f \circ 1_A = f = 1_B \circ f$$

范畴中的箭头也称为态射(morphism)。为简洁起见，有时会省略 $\circ$ 将 $f \circ g$ 直接写为 $fg$。

**注记 1.1**　根据定义，在同一范畴中，每个箭头 $f$ 有唯一域 $\mathrm{dom}(f)$ 和协域 $\mathrm{cod}(f)$；换言之，若两个箭头的域或协域不同，则这两个箭头一定不是同一个箭头。但在不同范畴中，同一箭头可以有不同的域或协域，如后面定义的对偶范畴与原范畴有相同的箭头，但域和协域正好相反。

**例 1.1**　各种具体范畴：

(1) 每个预序 (preorder) 可看作一个范畴；

(2) 每个单群 (monoid) 可看作一个范畴；

(3) 所有集合作为对象和所有集合间的函数作为箭头构成一个范畴，记作**Set**；

(4) 所有单群作为对象和所有单群间的同态映射作为箭头构成一个范畴，记作 **Mon**；

(5) 所有格作为对象和所有格间的同态映射作为箭头构成一个范畴，记作 **Lat**；

(6) 所有域 $k$ 上的 (有限维) 向量空间作为对象和这些向量空间之间的线性映射作为箭头构成一个范畴，记作 $\mathbf{(Fd)Vect}_k$。

**注记 1.2**　在 **Set** 中对函数的理解与通常有所不同。通常把一个函数与该函数的图像等同起来。但从函数图像我们只能确定函数的定义域，而不能确定其值域。换言之，图像相同而值域不同的函数通常被看成是同一个函数；而按照范畴论的观点，它们是不同的箭头。

**定义 1.2** (小范畴 small category)　若 $\mathrm{Ob}\mathcal{C}$ 和 $\mathrm{Ar}\mathcal{C}$ 均为集合，则称范畴 $\mathcal{C}$ 为小的，否则称其为大的 (large)。

**定义 1.3** (局部小范畴 locally small category)　范畴 $\mathcal{C}$ 称为*局部小的*，若对 $\mathcal{C}$ 中的任意对象 $A, B$，所有 $f: A \to B$ 构成一个集合，记该集合为 $\mathcal{C}(A, B)$。

除非特别声明，下面讨论的范畴都是局部小范畴。

**注记 1.3** 单群可以看成是只有一个对象的范畴。反之，只有一个对象的范畴构成一个单群。但需注意的是，单群的论域是一个集合，而范畴里的所有箭头不必构成一个集合。所以，严格来说，与单群对应的并不是只有一个对象的范畴，而是只有一个对象的小范畴。但由于我们通常讨论的范畴都是局部小的，这意味着只有一个对象的范畴也一定是小范畴。所以在这种约定下，单群与只有一个对象的范畴就是对应的。

**定义 1.4** (对偶范畴 dual or opposite category) 范畴 $\mathcal{C}$ 的对偶范畴 $\mathcal{C}^{\mathrm{op}}$ 与 $\mathcal{C}$ 相同，除了 $\mathcal{C}^{\mathrm{op}}$ 中的箭头与 $\mathcal{C}$ 中的箭头恰好有相反的方向，即，$f : A \to B \in \mathrm{Ar}(\mathcal{C})$ 当且仅当 $f : B \to A \in \mathrm{Ar}(\mathcal{C}^{\mathrm{op}})$。由此，对偶范畴中的复合运算 $\circ^{\mathrm{op}}$ 与原范畴中的复合运算 $\circ$ 满足如下关系：

$$f \circ^{\mathrm{op}} g = g \circ f$$

**定义 1.5** (乘积范畴 product category) 由范畴 $\mathcal{C}$ 和范畴 $\mathcal{D}$ 构成的乘积范畴 $\mathcal{C} \times \mathcal{D}$ 定义如下：

(1) $\mathcal{C} \times \mathcal{D}$ 中的对象由序对 $(A, B)$ 构成，其中 $A$ 是 $\mathcal{C}$ 中的对象，$B$ 是 $\mathcal{D}$ 中的对象；

(2) $\mathcal{C} \times \mathcal{D}$ 中从 $(A, B)$ 到 $(A', B')$ 的箭头为序对 $(f, g)$，其中 $f : A \to A'$ 为 $\mathcal{C}$ 中的箭头，$g : B \to B'$ 为 $\mathcal{D}$ 中的箭头；

(3) $\mathcal{C} \times \mathcal{D}$ 中的箭头复合运算定义为

$$(f', g') \circ (f, g) = (f' \circ f, g' \circ g)$$

(4) $\mathcal{C} \times \mathcal{D}$ 中的恒等箭头定义为

$$1_{(A,B)} = (1_A, 1_B)$$

**定义 1.6** (逗号范畴 comma category) 令 $G : \mathcal{D} \to \mathcal{C}$ 为给定的函子，$C$ 为 $\mathcal{C}$ 中的对象。考虑所有序对 $(D, f)$，其中 $f : C \to G(D)$，若 $g : G(D) \to G(D')$

满足下面的交换图

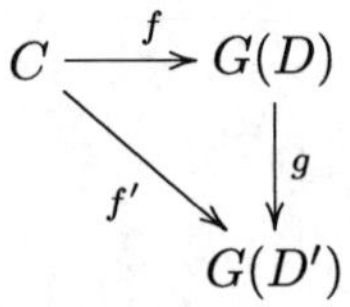


即 $g \circ f = f'$，则称 $g$ 为从 $(D, f)$ 到 $(D', f')$ 的态射。容易验证，所有 $(D, f)$ 及如此定义的态射构成一个范畴，记该范畴为 $\mathcal{C}(C, G)$。

**定义 1.7** (同构 isomorphism)　令 $f : A \to B$ 为某个范畴中的箭头。若存在该范畴中的箭头 $f^{-1} : B \to A$ 使得 $f^{-1} \circ f = 1_A$ 且 $f \circ f^{-1} = 1_B$，则称 $f$ 是一个同构，记作 $f : A \xrightarrow{\cong} B$，称 $f^{-1}$ 为 $f$ 的逆元。若对象 $A, B$ 之间存在一个同构，则称 $A$ 和 $B$ 是同构的，记作 $A \cong B$。

易见，一个箭头的逆元若存在，则是唯一的。

**定义 1.8** (单态射 mono，满态射 epi，分裂单态射 split mono，分裂满态射 split epi)　令 $f : A \to B$ 为范畴 $\mathcal{C}$ 中的箭头。

(1) 若对 $\mathcal{C}$ 中任意 $g, g' : C \to A$，$f \circ g = f \circ g' \Longrightarrow g = g'$，则称 $f$ 为单态射，记作 $f : A \rightarrowtail B$。

(2) 若对 $\mathcal{C}$ 中任意 $g, g' : B \to C$，$g \circ f = g' \circ f \Longrightarrow g = g'$，则称 $f$ 为满态射，记作 $f : A \twoheadrightarrow B$。

(3) 若 $e \circ m = 1$，则称 $m$ 为分裂单态射，$e$ 为分裂满态射。

易见，分裂单态射是单态射，分裂满态射是满态射。

### 1.1.2　特殊极限

**定义 1.9** (始对象 initial object，终对象 terminal object)　给定范畴 $\mathcal{C}$，若对任意 $C \in \mathrm{Ob}\mathcal{C}$，存在唯一从 $X$ 到 $C$ 的箭头，则称对象 $X$ 为 $\mathcal{C}$ 的始对象；若对任意 $C \in \mathrm{Ob}\mathcal{C}$，存在唯一从 $C$ 到 $X$ 的箭头，则称 $X$ 为 $\mathcal{C}$ 的终对象。始对象常记作 $\mathbf{0}$，终对象常记作 $\mathbf{1}$，从 $\mathbf{0}$ 出发的箭头和到达 $\mathbf{1}$ 的箭头常记作 !。

易证，在唯一同构的意义上，一个范畴的始对象和终对象都是唯一的，即，若 $0\,(1)$ 和 $0'(1')$ 均为某范畴的始对象 (终对象)，则存在唯一同构 $i : 0 \to 0'(i : 1 \to 1')$ 使得 $0 \cong 0'(1 \cong 1')$。

**定义 1.10**(积 product) 给定范畴 $\mathcal{C}$ 和 $\mathcal{C}$ 中的对象 $A$ 和 $B$, 若 $\mathcal{C}$ 中的对象 $C$ 和箭头 $p_1 : C \to A, p_2 : C \to B$ 满足：对 $\mathcal{C}$ 中任意对象 $D$ 和箭头 $f : D \to A, g : D \to B$, 存在 $\mathcal{C}$ 中唯一 $h : D \to C$ 使得下面的图交换：

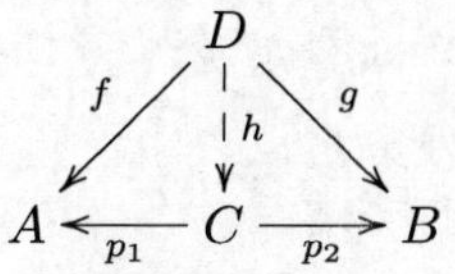


即存在唯一 $h : D \to C$ 满足下面的等式：

$$f = p_1 \circ h$$

$$g = p_2 \circ h$$

则称三元组 $(C, p_1, p_2)$ 为 $A, B$ 的积，称 $p_1, p_2$ 为投影。有时也称 $C$ 为 $A, B$ 的积，记作 $A \times B$。上图中由 $f, g$ 唯一确定的 $h$ 常记作 $\langle f, g\rangle$。若范畴 $\mathcal{C}$ 中的任意两个对象的积都存在, 则称 $\mathcal{C}$ 具有积。

易见范畴 **Set** 具有积, 集合 $A, B$ 的卡氏积 $A \times B = \{(a, b) \mid a \in A, b \in B\}$ 即为 $A, B$ 的积。

**定义 1.11**(积箭头 product map) 给定范畴 $\mathcal{C}$ 中的箭头 $f : A \to B$ 和 $g : C \to D$, 设 $A, C$ 的积与 $B, D$ 的积存在, $p_1 : A \times C \to A$ 和 $p_2 : A \times C \to C$ 为投影, 则定义 $f, g$ 的积箭头 $f \times g : A \times C \to B \times D$ 为 $\langle f \circ p_1, g \circ p_2\rangle$。

**定义 1.12**(和 sum) 给定范畴 $\mathcal{C}$ 和 $\mathcal{C}$ 中的对象 $A$ 和 $B$, 若 $\mathcal{C}$ 中的对象 $C$ 和箭头 $i_1 : A \to C, i_2 : B \to C$ 满足：对 $\mathcal{C}$ 中任意对象 $D$ 和箭头 $f : A \to D, g : B \to D$, 存在 $\mathcal{C}$ 中唯一 $h : C \to D$ 使得下面的图交换：

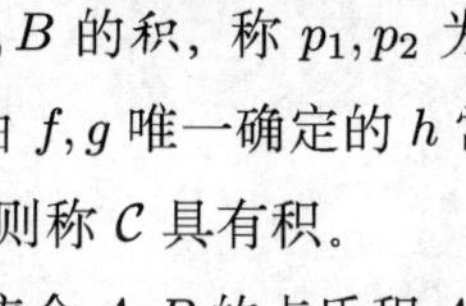


即存在唯一 $h : C \to D$ 满足下面的等式：

$$f = h \circ i_1$$

$$g = h \circ i_2$$

则称三元组 $(C, i_1, i_2)$ 为 $A, B$ 的和，称 $i_1, i_2$ 为嵌入。有时也称 $C$ 为 $A, B$ 的和，记作 $A+B$。上图中由 $f, g$ 唯一确定的 $h$ 常记作 $[f, g]$。

易见，和是积的对偶概念，故和也称作余积 (coproduct)。

**定义 1.13**(等值子 equalizer)　给定范畴 $\mathcal{C}$ 中的箭头 $f, g: A \to B$，若 $\mathcal{C}$ 中的对象 $E$ 和箭头 $i: E \to A$ 满足：

(1) $f \circ i = g \circ i$，且

(2) 对 $\mathcal{C}$ 中任意箭头 $C: h \to A$，若 $f \circ h = g \circ h$，则存在 $\mathcal{C}$ 中唯一箭头 $k: C \to E$ 使得 $h = i \circ k$，
即，下面的图交换：

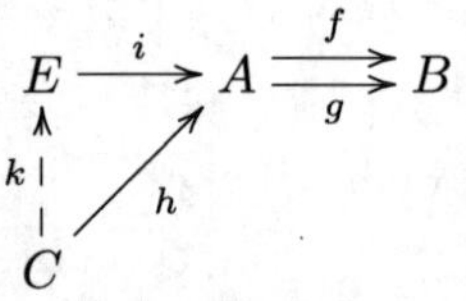


则称 $(E, i)$ 为 $f, g$ 的等值子。若 $\mathcal{C}$ 中任意 $f, g: A \to B$ 均有等值子，则称 $\mathcal{C}$ 具有等值子。

易证，若 $(E, i)$ 为等值子，则 $i$ 为单态射；若 $(E, i)$ 为等值子且 $i$ 是满态射，则 $i$ 是同构；在范畴 **Set** 中，每个集合 $E$ 和定义在 $E$ 上的单射都是一个等值子。

**定义 1.14**(拉回 pullback)　给定范畴 $\mathcal{C}$ 中的箭头 $f: A \to C$ 和 $g: B \to C$，若 $\mathcal{C}$ 中的对象 $D$ 和箭头 $f': D \to B, g': D \to A$ 满足：

(1) $f \circ g' = g \circ f'$，且

(2) 对 $\mathcal{C}$ 中任意箭头 $h: E \to A, j: E \to B$，若 $f \circ h = g \circ j$，则存在 $\mathcal{C}$ 中唯一箭头 $k: E \to D$ 使得

$$h = g' \circ k$$

$$j = f' \circ k$$

即，下面的图交换：

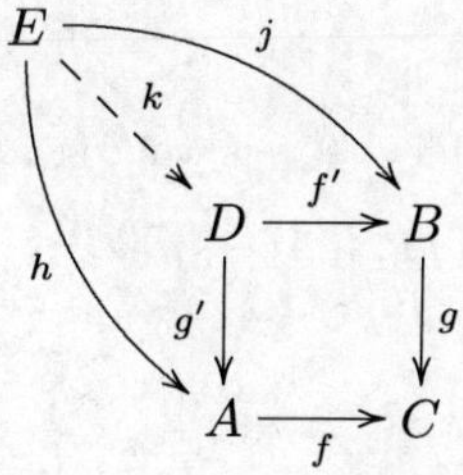


则称 $(D, f', g')$ 为 $f, g$ 的拉回，称 $f'$ 是 $f$ 沿 $g$ 的拉回，称 $g'$ 是 $g$ 沿 $f$ 的拉回，称上图中的矩形 $ACBD$ 为拉回方形。有时也称 $D$ 为 $f, g$ 的拉回，常记作 $A \times_C B$。若 $\mathcal{C}$ 中任意 $f: A \to C, g: B \to C$ 均有拉回，则称 $\mathcal{C}$ 具有拉回。

**注记 1.4** 积和等值子都可看作是拉回的特例。事实上，我们有：

(1) 若范畴 $\mathcal{C}$ 有终对象，且下图是 $\mathcal{C}$ 中的拉回方形

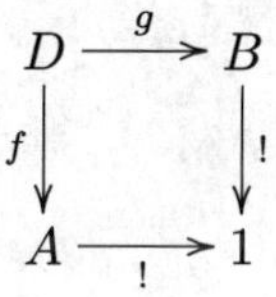


则 $(D, f, g)$ 是 $\mathcal{C}$ 中 $A, B$ 的积。

(2) 若下图是范畴 $\mathcal{C}$ 中的拉回方形

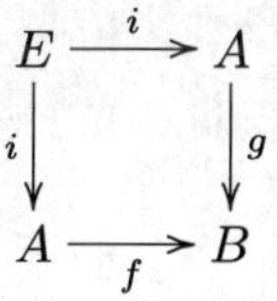


则 $(E, i)$ 是 $\mathcal{C}$ 中 $(f, g)$ 的等值子。

(3) 更一般的，给定范畴 $\mathcal{C}$ 中的箭头 $f, g: A \to B$，若 $A, B$ 的积存在，且下图是 $\mathcal{C}$ 中的拉回方形

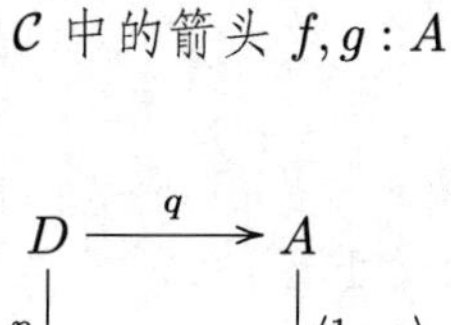


则 $p = q$ 且 $(D, p)$ 为 $f, g$ 的等值子。

### 1.1.3 函子

**定义 1.15** (函子 functor) *函子* $F:\mathcal{C}\to\mathcal{D}$ 是从范畴 $\mathcal{C}$ 到到范畴 $\mathcal{D}$ 的函数, $F$ 将 $\mathcal{C}$ 的对象映射为 $\mathcal{D}$ 的对象, 将 $\mathcal{C}$ 的箭头映射为 $\mathcal{D}$ 的箭头, 并满足：

(1) $F(f:A\to B)=F(f):F(A)\to F(B)$;

(2) $F(1_A)=1_{F(A)}$;

(3) $F(g\circ f)=F(g)\circ F(f)$。

若函子 $F:\mathcal{C}\to\mathcal{D}$ 中的 $\mathcal{C}=\mathcal{D}$, 则称 $F$ 为*自函子*(endofunctor)。

为简洁起见, 我们有时省略括号, 将 $F(A)$ 和 $F(f)$ 分别写作 $FA$ 和 $Ff$。为了和下面定义的反变 (contravariant) 函子区分, 我们也称函子为协变 (covariant) 函子。

对任意范畴 $\mathcal{C}$, 存在一个恒等函子 $1_{\mathcal{C}}:\mathcal{C}\to\mathcal{C}$, 使得对任意 $\mathcal{C}$ 中的对象 $C$ 和 $\mathcal{C}$ 中的箭头 $f$, $1_{\mathcal{C}}(C)=C$ 且 $1_{\mathcal{C}}(f)=f$。若 $F:\mathcal{B}\to\mathcal{C}$ 和 $G:\mathcal{C}\to\mathcal{D}$ 为函子, 则可定义复合函子 $G\circ F:\mathcal{B}\to\mathcal{D}$ 如下：

$$G\circ F(X)=G(F(X)),\quad G\circ F(f)=G(F(f))$$

**定义 1.16** (幂集函子) *幂集函子* $\wp:\mathbf{Set}\to\mathbf{Set}$ 将集合 $W$ 映射到 $W$ 的幂集 $\wp(W)$, 将函数 $f:W\to W'$ 映射到函数 $\wp f:\wp(W)\to\wp(W')$, 其中 $\wp f$ 将 $W$ 的任意子集 $X$ 映射到 $X$ 在 $f$ 下的像, 即 $\wp f(X)=\{f(w)\mid w\in W\}$。

**定义 1.17** (反变函子 contravaiant functor) 若从范畴 $\mathcal{C}$ 到范畴 $\mathcal{D}$ 的函数 $F$ 满足：

(1) $F(f:A\to B)=F(f):F(B)\to F(A)$;

(2) $F(1_A)=1_{F(A)}$;

(3) $F(g\circ f)=F(f)\circ F(g)$,

则称 $F$ 为 $\mathcal{C}$ 到 $\mathcal{D}$ 的*反变函子*。

易见, 若 $F$ 为 $\mathcal{C}$ 到 $\mathcal{D}$ 的反变函子, 则 $F$ 为 $\mathcal{C}^{\mathrm{op}}$ 到 $\mathcal{D}$ 的 (协变) 函子, 故 $\mathcal{C}$ 到 $\mathcal{D}$ 的反变函子 $F$ 常记作 $F:\mathcal{C}^{\mathrm{op}}\to\mathcal{D}$。

**定义 1.18** (预层 presheaf) 给定范畴 $\mathcal{C}$, 从 $\mathcal{C}$ 到 $\mathbf{Set}$ 的反变函子称为 $\mathcal{C}$ 上的*预层*。

**定义 1.19** (Hom 函子)　给定范畴 $\mathcal{C}$ 和其中的对象 $A$，若 $\mathcal{C}(A,-):\mathcal{C}\to$ **Set** 满足：对任意 $\mathcal{C}$ 中的对象 $B$ 和箭头 $g:B\to C$

$$\mathcal{C}(A,-)(B)=\mathcal{C}(A,B),\quad C(A,-)(g)=\lambda i.g\circ i$$

则称 $\mathcal{C}(A,-)$ 为 $A$ 上的 (协变)Hom函子，记 $C(A,-)(g)$ 为 $C(A,g)$。

容易验证，如此定义的 $\mathcal{C}(A,-)$ 的确是一个函子。对偶的，可定义反变 Hom 函子。

**定义 1.20** (反变 Hom 函子)　给定范畴 $\mathcal{C}$ 和其中的对象 $B$，若 $\mathcal{C}(-,B):\mathcal{C}^{\mathrm{op}}\to$ **Set** 满足：对任意 $\mathcal{C}$ 中的对象 $A$ 和箭头 $f:C\to A$

$$\mathcal{C}(-,B)(A)=\mathcal{C}(A,B),\quad C(-,B)(f)=\lambda i.i\circ f$$

则称 $\mathcal{C}(-,B)$ 为 $B$ 上的反变Hom函子，记 $C(-,B)(f)$ 为 $C(f,B)$。

类似的，可定义双变 (bivariant)Hom 函子如下：

**定义 1.21** (双变 Hom 函子)　给定范畴 $\mathcal{C}$，若 $\mathcal{C}(-,-):\mathcal{C}^{\mathrm{op}}\times\mathcal{C}\to$ **Set** 满足：对任意 $\mathcal{C}$ 中的对象 $A,B$ 和箭头 $f:C\to A, g:B\to D$

$$\mathcal{C}(-,-)(A,B)=\mathcal{C}(A,B),\quad C(-,-)(f,g)=\lambda i.g\circ i\circ f$$

则称 $\mathcal{C}(-,-)$ 为 $\mathcal{C}$ 的双变Hom函子，记 $C(-,-)(f,g)$ 为 $C(f,g)$。

范畴论中的一个常用技巧是将范畴 $\mathcal{C}$ 中的态射 $f:A\to B$ 的性质转换为函数 $\mathcal{C}(C,f)$ 或 $\mathcal{C}(f,C)$ 的性质。

### 1.1.4　自然变换，泛态射

**定义 1.22** (自然变换 natural transformation)　令 $F,G:\mathcal{C}\to\mathcal{D}$ 为给定的函子。若 $\mathcal{D}$ 中的一组箭头 $\{t_A:FA\to GA\}_{A\in\mathrm{Ob}\mathcal{C}}$ 满足：对任意 $f:A\to B$，下面的图交换

$$\begin{array}{ccc} FA & \xrightarrow{t_A} & GA \\ {\scriptstyle Ff}\downarrow & & \downarrow{\scriptstyle Gf} \\ FB & \xrightarrow[t_B]{} & GB \end{array}$$

即

$$\text{(NAT)}\quad Gf\circ t_A=t_B\circ Ff$$

则称 $t: F \to G$ 为 $F$ 到 $G$ 的自然变换，称 (NAT) 为自然性条件。若每个 $t_A$ 都是一个同构，则称 $t$ 是 $F$ 到 $G$ 的自然同构(natural isomorphism)，记作 $t: F \xrightarrow{\cong} G$。若存在 $F$ 到 $G$ 的自然同构，则称 $F$ 和 $G$ 是自然等价的 (natural equivalent)。

**例 1.2** 具体范畴下的自然变换：

(1) 令 $\mathcal{C}$ 和 $\mathcal{D}$ 为两个偏序集范畴，则函子 $F, G: \mathcal{C} \to \mathcal{D}$ 为保序映射。容易验证，$F$ 到 $G$ 存在自然变换，当且仅当对任意 $\mathcal{C}$ 中的对象 $A$：$F(A) \leqslant G(A)$，其中 $\leqslant$ 为 $\mathcal{D}$ 中的偏序。

(2) 给定格 $L$，函子 $- \times L: \mathbf{Lat} \to \mathbf{Lat}$ 定义为：将任意格 $L'$ 映射为 $L' \times L$，将格间的同态映射 $f: M \to N$ 映射为 $\langle f, 1_L \rangle: M \times L \to N \times L$。任给格间的同态映射 $g: L_1 \to L_2$，则可导出一个自然变换 $\alpha(g): - \times L_1 \to - \times L_2$，其每个分量 $\alpha(g)_M$ 为 $\langle 1_M, g \rangle: M \times L_1 \to M \times L_2$。

令 $F, G: \mathcal{C} \to \mathcal{D}$，$E: \mathcal{B} \to \mathcal{C}$ 和 $H: \mathcal{D} \to \mathcal{E}$ 为函子，令 $\eta: F \to G$ 为自然变换，则可定义自然变换 $\eta E: FE \to GE$ 和 $H\eta: HF \to HG$ 如下：

$$(\eta E)_X = \eta_{E(X)}$$

$$(H\eta)_X = H(\eta_X)$$

**定义 1.23** (泛态射 universal morphism，始态射 initial morphism) 令 $G: \mathcal{D} \to \mathcal{C}$ 为给定的函子，$C$ 为 $\mathcal{C}$ 中的对象。若 $\mathcal{D}$ 中的对象 $D$ 和箭头 $\eta_C: C \to G(D)$ 满足：对任意 $\mathcal{D}$ 中的对象 $D'$ 和箭头 $f: C \to G(D')$，存在 $\mathcal{D}$ 中的唯一箭头 $\hat{f}: D \to D'$ 使得 $f = G(\hat{f}) \circ \eta_C$，用图表示，即

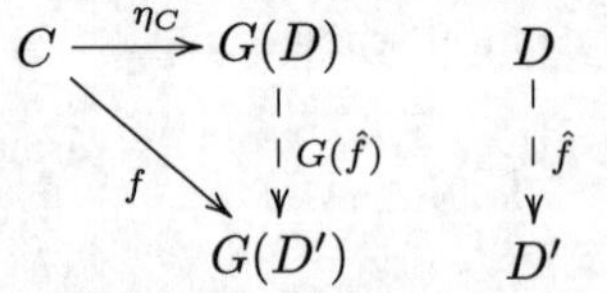


则称 $(D, \eta_C)$ 为 $C$ 到 $G$ 的泛态射或始态射。

**定义 1.24** (泛态射 等价定义) 令 $G: \mathcal{D} \to \mathcal{C}$ 为给定的函子，$C$ 为 $\mathcal{C}$ 中的对象，则 $\mathcal{C}(C, G)$ 的始对象称为 $C$ 到 $G$ 的泛态射。

泛态射在唯一同构意义上是唯一的、对偶的，我们可定义协泛态射(couniversal morphism) 或终态射(terminal morphism)。

### 1.1.5 一般极限

**定义 1.25** (图例 diagram, 锥形 cone) 每个函子 $D:\mathcal{I}\to\mathcal{C}$ 也称作一个 $\mathcal{C}$ 中的图例, 此时通常记 $\mathcal{I}$ 中的元素为 $i, j, \cdots$。若 $\mathcal{C}$ 中的对象 $C$ 和箭头 $(c_i : C \to Di)_{i\in\mathcal{I}}$ 满足: 对 $\mathcal{I}$ 中的任意箭头 $f: i\to j$, 下面的图交换

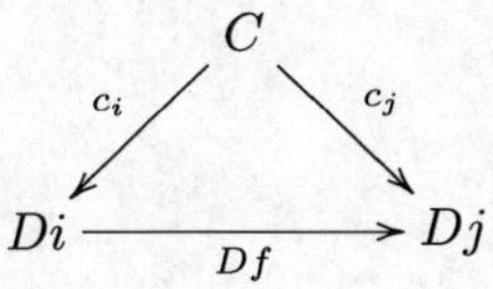


即 $c_j = Df\circ c_i$, 则称 $(C, (c_i : C\to Di)_{i\in\mathcal{I}})$ 为 $D$ 上的锥形。

我们常用 $\mathcal{I}$ 在函子 $D:\mathcal{I}\to\mathcal{C}$ 作用下的像表示 $\mathcal{C}$ 中的图例 $D$。

**定义 1.26** (极限 limit) 若图例 $D$ 上的锥形 $(C, (c_i : C\to Di)_{i\in\mathcal{I}})$ 满足: 对任意 $D$ 上的锥形 $(C', (c'_i : C'\to Di)_{i\in\mathcal{I}})$, 存在 $\mathcal{C}$ 中唯一箭头 $f: C'\to C$ 使得下面的图交换

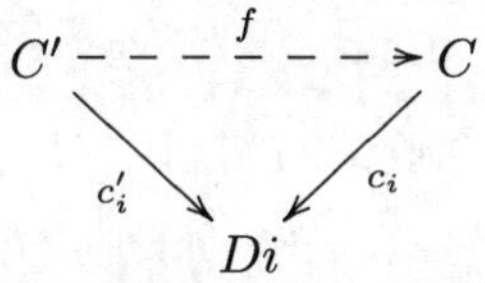


即对任意 $i\in\mathcal{I}$, $c'_i = c_i\circ f$, 则称 $(C, (c_i : C\to Di)_{i\in\mathcal{I}})$ 为 $D$ 的极限。

易证, 在唯一同构的意义上, 任意范畴 $\mathcal{C}$ 中每个图例的极限都是唯一的。对偶的, 可以定义余极限 (colimit)。

**注记 1.5** 不难验证, 前面定义的终对象、积、等值子、拉回等都是极限的特例。

(1) 范畴 $\mathcal{C}$ 的终对象是空图例的极限。

(2) 范畴 $\mathcal{C}$ 中 $A, B$ 的积是 $\mathcal{C}$ 中的图例

$$A \qquad\qquad B$$

的极限。

(3) 范畴 $\mathcal{C}$ 中 $f, g: A\to B$ 的等值子是 $\mathcal{C}$ 中的图例

$$A \underset{g}{\overset{f}{\rightrightarrows}} B$$

的极限。

(4) 范畴 $\mathcal{C}$ 中 $f: A \to C, g: B \to C$ 的拉回是 $\mathcal{C}$ 中的图例

$$\begin{array}{ccc} & & B \\ & & \downarrow{\scriptstyle g} \\ A & \xrightarrow[f]{} & C \end{array}$$

的极限。

### 1.1.6 伴随，依附

**定义 1.27**(伴随 adjoint，依附 adjunction) 令 $F: \mathcal{C} \to \mathcal{D}$ 和 $G: \mathcal{D} \to \mathcal{C}$ 为给定的函子。若存在自然同构

$$\theta: \mathcal{C}(-, G-) \xrightarrow{\cong} \mathcal{D}(F-, -)$$

则称 $F$ 是 $G$ 的*左伴随*，$G$ 是 $F$ 的*右伴随*，记作 $F \dashv G$，称 $(F, G, \theta)$ 为一个*依附*(adjunction)，称 $\theta$ 为*单元*(unit)。

**定义 1.28**(伴随 等价定义 1) 令 $G: \mathcal{D} \to \mathcal{C}$ 为给定的函子。若对 $\mathcal{C}$ 中的任意对象 $C$，都存在从 $C$ 到 $G$ 的始态射 $(F_C, \eta_C)$，则由此可导出唯一函子 $F: \mathcal{D} \to \mathcal{C}$，使得 $\eta: 1_{\mathcal{C}} \xrightarrow{\cong} G \circ F$。称此 $F$ 为 $G$ 的*左伴随*，$G$ 为 $F$ 的*右伴随*。

**定义 1.29**(伴随 等价定义 2) 令 $F: \mathcal{C} \to \mathcal{D}$ 和 $G: \mathcal{D} \to \mathcal{C}$ 为给定的函子，若存在自然变换

$$\varepsilon: FG \to 1_{\mathcal{D}}$$

$$\eta: 1_{\mathcal{C}} \to GF$$

使得

$$\varepsilon F \circ F\eta = 1_F$$

$$G\varepsilon \circ \eta G = 1_G$$

即，对任意 $X \in \mathrm{Ob}\mathcal{C}, Y \in \mathrm{Ob}\mathcal{D}$，

$$\varepsilon_{FX} \circ F(\eta_X) = 1_{FX}$$

$$G(\varepsilon_Y) \circ \eta_{GY} = 1_{GY}$$

则称 $F$ 是 $G$ 的左伴随，$G$ 是 $F$ 的右伴随，称 $\eta$ 和 $\varepsilon$ 分别为单元和协单元(counit)。

## 1.2 重要范畴

### 1.2.1 拓扑斯，卡氏闭范畴

**定义 1.30**(子对象分类器 subobject classifier) 给定具有终对象的范畴 $\mathcal{C}$，若 $\mathcal{C}$ 中的对象 $\Omega$ 和箭头 $\top : 1 \to \Omega$ 满足：对 $\mathcal{C}$ 中任意单态射 $f : X \rightarrowtail Y$，存在 $\mathcal{C}$ 中唯一箭头 $\chi_f : Y \to \Omega$ 使得下面的矩形为拉回方形

$$\begin{array}{ccc} X & \overset{f}{\rightarrowtail} & Y \\ {\scriptstyle !}\downarrow & & \downarrow{\scriptstyle \chi_f} \\ 1 & \xrightarrow[\top]{} & \Omega \end{array}$$

则称 $(\Omega, \top)$ 为 $\mathcal{C}$ 的一个子对象分类器，有时也称 $\Omega$ 为子对象分类器。

**定义 1.31**(拓扑斯 topos) 若范畴 $\mathcal{E}$ 具有终对象、等值子、拉回和子对象分类器，则称 $\mathcal{E}$ 为一个 (初等)拓扑斯。

**定义 1.32**(指数对象 exponential object) 给定具有积的范畴 $\mathcal{C}$ 及 $\mathcal{C}$ 中的对象 $A, B$，若 $\mathcal{C}$ 中的对象 $C$ 和箭头 $f : C \times A \to B$ 满足：对 $\mathcal{C}$ 中任意箭头 $g : D \times A \to B$，存在 $\mathcal{C}$ 中唯一箭头 $\lambda f : D \to C$ 使得下面的图交换

$$\begin{array}{ccc} D \times A & \xrightarrow{\lambda f \times 1_A} & C \times A \\ & {\scriptstyle g}\searrow & \downarrow{\scriptstyle f} \\ & & B \end{array}$$

则称 $C$ 为 $A$ 到 $B$ 的指数对象，记作 $B^A$，称 $f : C \times A \to B$ 为赋值(evaluation)箭头，记作 $ev$。若范畴 $\mathcal{C}$ 中的任意对象 $A, B$ 均有指数对象，则称 $\mathcal{C}$ 具有指数对象。我们也经常将指数对象 $B^A$ 记作 $[A \to B]$。

**定义 1.33**(卡氏闭范畴 Cartesian closed category) 若范畴 $\mathcal{C}$ 具有终对象、积和指数对象，则称 $\mathcal{C}$ 为卡氏闭范畴。

在卡氏闭范畴中，每个从 $A \times B$ 出发的箭头都可以看作从 $A$ 出发的箭头。具体到 **Set** 范畴中，每个二元函数 $f : A \times B \to C$ 都可以看作一个一元

函数 $f' : A \to C^B$，该函数将每个 $A$ 中的元素 $a$ 映射到一个定义在 $B$ 上的函数 $f_a' : B \to C$ 使得

$$f_a'(b) = f(a, b)$$

这个将多元函数转化为一元函数的过程称为 Curry 化，它对应经典命题逻辑中的演绎定理

$$A \wedge B \vdash C \Longleftrightarrow A \vdash B \to C$$

事实上，每个布尔代数都可以看作一个卡氏闭范畴，其中 $A \times B = A \wedge B$，$B^A = A \to B$。

### 1.2.2 单群范畴

**定义 1.34** (单群范畴 monoidal category) 若在范畴 $\mathcal{C}$ 上可定义函子 $\otimes : \mathcal{C} \times \mathcal{C} \to \mathcal{C}$，$\mathcal{C}$ 中存在对象 $I$，满足：

(1) 存在自然同构 $\alpha, \lambda, \rho$ 使得

$$\begin{aligned} \alpha_{A,B,C} &: (A \otimes B) \otimes C \cong A \otimes (B \otimes C) \\ \lambda_A &: I \otimes A \cong A \\ \rho_A &: A \otimes I \cong A \end{aligned}$$

(2) 对 $\mathcal{C}$ 中任意对象 $A, B, C, D$，下面的图交换

$$\begin{array}{ccccc} ((A \otimes B) \otimes C) \otimes D & \xrightarrow{\alpha_{A,B,C \otimes D}} & (A \otimes (B \otimes C)) \otimes D & \xrightarrow{\alpha_{A,B \otimes C,D}} & A \otimes ((B \otimes C) \otimes D) \\ \downarrow{\scriptstyle \alpha_{A \otimes B,C,D}} & & & & \downarrow{\scriptstyle A \otimes \alpha_{B,C,D}} \\ (A \otimes B) \otimes (C \otimes D) & & \xrightarrow[\alpha_{A,B,C \otimes D}]{} & & A \otimes (B \otimes (C \otimes D)) \end{array}$$

(3) 对 $\mathcal{C}$ 中任意对象 $A, B, C$，下面的图交换

$$\begin{array}{ccc} (A \otimes B) \otimes B & \xrightarrow{\alpha_{A,I,B}} & A \otimes (I \otimes B) \\ & {\scriptstyle \rho_A \otimes B} \searrow \quad \swarrow {\scriptstyle A \otimes \lambda_B} & \\ & A \otimes B & \end{array}$$

则称 $(\mathcal{C}, \otimes, I, \alpha, \lambda, \rho)$ 为单群范畴，称 $\otimes$ 为张量积(tensor product) 或单群积(monoidal product)，称 $I$ 为单位元(unit object)，称 $\alpha$ 为结合子(associator)，

称 $\lambda, \rho$ 分别为左单位子(left unitor) 和右单位子(right unitor)，称上面的 (2), (3) 为相容性条件(coherence condition)。若 $\alpha, \lambda, \rho$ 为严格同一关系，则称 $(\mathcal{C}, \otimes, I)$ 为严格单群范畴(strict monoidal category)。

**定义 1.35** (对称单群范畴) 若在单群范畴 $(\mathcal{C}, \otimes, I, \alpha, \lambda, \rho)$ 存在自然同构 $\sigma_{A,B} : A \otimes B \cong B \otimes A$ 使得 $\sigma_{B,A} = \sigma_{A,B}^{-1}$，且下面的图交换：

$$
\begin{array}{ccc}
A \otimes I & \xrightarrow{\sigma} & I \otimes A \\
 & {\scriptstyle \rho}\searrow & \downarrow{\scriptstyle \lambda} \\
 & & A
\end{array}
\qquad
\begin{array}{ccccc}
A \otimes (B \otimes C) & \xrightarrow{1 \otimes \sigma} & A \otimes (C \otimes B) & \xrightarrow{\alpha} & (A \otimes C) \otimes B \\
\downarrow{\scriptstyle \alpha} & & & & \downarrow{\scriptstyle \sigma \otimes 1} \\
(A \otimes B) \otimes C & \xrightarrow[\sigma]{} & C \otimes (A \otimes B) & \xrightarrow[\alpha]{} & (C \otimes A) \otimes B
\end{array}
$$

则称 $(\mathcal{C}, \otimes, I, \alpha, \lambda, \rho, \sigma)$ 为对称单群范畴。

**定义 1.36** (对称单群函子) 任给对称单群 $(\mathcal{C}, \otimes, I, \alpha, \lambda, \rho, \sigma)$ 和 $(\mathcal{C}', \otimes', I', \alpha', \lambda', \rho', \sigma')$，若存在箭头 $m_0 : I' \to F(I)$ 和自然变换 $m_2 : F(-) \otimes' F(-) \to F(- \otimes -)$，使得下面的图交换

$$
\begin{array}{ccccc}
FA \otimes' (FB \otimes' FC) & \xrightarrow{1 \otimes' m_2} & FA \otimes' F(B \otimes C) & \xrightarrow{m_2} & F(A \otimes (B \otimes C)) \\
\downarrow{\scriptstyle \alpha'} & & & & \downarrow{\scriptstyle F\alpha} \\
(FA \otimes' FB) \otimes' FC & \xrightarrow[m_2 \otimes' 1]{} & F(A \otimes B) \otimes' FC & \xrightarrow[m_2]{} & F((A \otimes B) \otimes C)
\end{array}
$$

$$
\begin{array}{ccc}
FA \otimes' I' & \xrightarrow{1 \otimes' m_0} & FA \otimes' FI \\
\downarrow{\scriptstyle \rho'} & & \downarrow{\scriptstyle m_2} \\
FA & \xleftarrow[F\rho]{} & F(A \otimes I)
\end{array}
\qquad
\begin{array}{ccc}
FA \otimes' FB & \xrightarrow{m_2} & F(A \otimes B) \\
\downarrow{\scriptstyle \sigma'} & & \downarrow{\scriptstyle F\sigma} \\
FB \otimes' FA & \xrightarrow[m_2]{} & F(B \otimes A)
\end{array}
$$

则称函子 $F : \mathcal{C} \to \mathcal{C}'$ 为对称单群函子，此时记该函子 $F$ 为 $(F, m)$。

**定义 1.37** (对称单群闭范畴) 给定对称单群范畴 $(\mathcal{C}, \otimes, I, \alpha, \lambda, \rho, \sigma)$，若对 $\mathcal{C}$ 中任意对象 $A$，存在函子

$$- \otimes A : \mathcal{C} \to \mathcal{C}$$

的余泛态射，即对任意 $(A, B)$，存在对象 $A \multimap B$ 和箭头

$$ev_{A,B} : (A \multimap B) \otimes A \to B$$

使得对任意箭头 $f: C \otimes A \to B$，存在唯一箭头 $\lambda f: C \to (A \multimap B)$ 使得

$$ev_{A,B} \circ (\lambda f \otimes 1_A) = f$$

则称 $(\mathcal{C}, \otimes, I, \alpha, \lambda, \rho, \sigma)$ 为对称单群闭范畴。

**定义 1.38** (紧致闭范畴 compact closed category) 称严格单群范畴 $(\mathcal{C}, \otimes, I)$ 是紧致闭的，若对 $\mathcal{C}$ 中的每个对象 $A$ 都存在对象 $A^l, A^r$ 和箭头

$$\eta^l: I \to A \otimes A^l, \quad \eta^r: I \to A^r \otimes A$$
$$\epsilon^l: A^l \otimes A \to I, \quad \epsilon^r: A \otimes A^r \to I$$

使得

$$(1_A \otimes \epsilon^l) \circ (\eta^l \otimes 1_A) = 1_A, \qquad (\epsilon^r \otimes 1_A) \circ (1_A \otimes \eta^r) = 1_A$$
$$(\epsilon^l \otimes 1_{A^l}) \circ (1_{A^l} \otimes \eta^l) = 1_{A^l}, \quad (1_{A^r} \otimes \epsilon^r) \circ (\eta^r \otimes 1_{A^r}) = 1_{A^r}$$

### 1.2.3 单群范畴的图形语言

若将单群范畴中箭头 $f: A \to B$ 表示成输入为 $A$ 输出为 $B$ 的盒子，将 $f \circ g$ 表示为盒子的串联，将 $f \otimes g$ 表示为盒子的并置，将恒等箭头表示为没有盒子的线段，则下列箭头

$$1_A \quad f \quad g \circ f \quad 1_A \otimes 1_B \quad f \otimes 1_C \quad f \otimes g \quad (f \otimes g) \circ h$$

可分别表示为

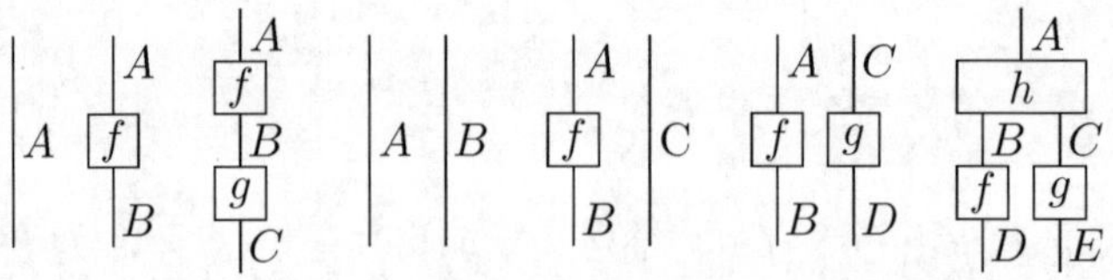


这样，紧致闭范畴中的 $\eta^l, \epsilon^l, \eta^r, \epsilon^r$ 可分别表示为

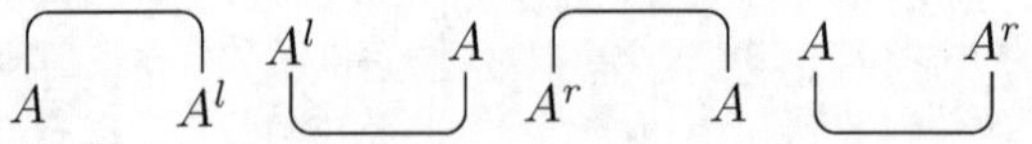


相应的，紧致闭范畴定义中的 4 个等式可表示为

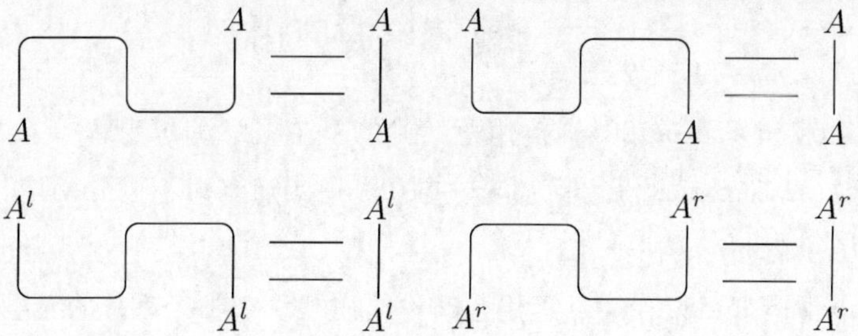


### 1.2.4 单子, 余单子

**定义 1.39** (单子 monad) 范畴 $\mathcal{C}$ 上的单子$(T, \eta, \mu)$ 由函子 $T : \mathcal{C} \to C$, 自然变换 $\eta : 1_{\mathcal{C}} \to T$ 和自然变换 $\mu : T^2 \to T$ 构成, 并满足:

(1) $\mu \circ T\mu = \mu \circ \mu T$;

(2) $\mu \circ T\eta = \mu \circ \eta T = 1_T$,

即对任意对象 $A$, 下面的图交换:

$$\begin{array}{ccc} T^3A & \xrightarrow{\mu_{TA}} & T^2A \\ {\scriptstyle T\mu_A}\downarrow & & \downarrow{\scriptstyle \mu_A} \\ T^2A & \xrightarrow[\mu_A]{} & TA \end{array} \qquad \begin{array}{ccc} TA & \xrightarrow{\eta_{TA}} & T^2A \\ {\scriptstyle T\eta_A}\downarrow & \searrow^{1_{TA}} & \downarrow{\scriptstyle \mu_A} \\ T^2A & \xrightarrow[\mu_A]{} & TA \end{array}$$

我们称 $\eta$ 为单元(unit), 称 $\mu$ 为乘法 (multiplication)。

**定义 1.40** (余单子 comonad) 范畴 $\mathcal{C}$ 上的余单子$(Q, \epsilon, \delta)$ 由函子 $Q : \mathcal{C} \to \mathcal{C}$, 自然变换 $\epsilon : Q \to 1_{\mathcal{C}}$ 和自然变换 $\delta : Q \to Q^2$ 构成, 并满足:

(1) $Q\delta \circ \delta = \delta Q \circ \delta$;

(2) $Q\epsilon \circ \delta = \epsilon Q \circ \delta = 1_Q$,

即对任意对象 $A$, 下面的图交换:

$$\begin{array}{ccc} QA & \xrightarrow{\delta_A} & Q^2A \\ {\scriptstyle \delta_A}\downarrow & & \downarrow{\scriptstyle \delta_{QA}} \\ Q^2A & \xrightarrow[Q\delta_A]{} & Q^3A \end{array} \qquad \begin{array}{ccc} QA & \xrightarrow{\delta_A} & Q^2A \\ {\scriptstyle \delta_A}\downarrow & \searrow^{1_{QA}} & \downarrow{\scriptstyle \epsilon_{QA}} \\ Q^2A & \xrightarrow[Q\epsilon_A]{} & QA \end{array}$$

我们称 $\epsilon$ 为余单元, 称 $\delta$ 为余乘(comultiplication)。

## 1.3 范畴论的应用

Phillips 和 Wilson(2010) 运用范畴论的基本概念和思想解释了人类认知的系统性 (systematicity)，即为何人类的一些认知能力不可分割地与另一些认知能力系统地关联在一起。

Healy 和 Caudell (2004) 运用范畴论给出了认知神经系统的模型论语义，特别的，利用协极限、函子和自然变换等概念解释了神经网络中概念层级系统的学习过程。Healy 等 (2008) 运用范畴论给出了人类知识和概念结构的表征模型，并以此解释了人类是如何进行分类和相似性判断的。

Haghverdi 和 Scott (2006) 基于唯一分解范畴 (unique decomposition categories) 对 Girard 提出的交互几何 (geometry of interaction, GoI) 给出了新的语义。

Gust 等 (2007) 基于拓扑斯理论给出了谓词逻辑的无变元表示，进而为从神经网络学习一阶逻辑理论提供了一种方法。

Krause 等 (1995) 提出了一种不确定推理条件下的论辩逻辑，并给出了其范畴论语义。

Rozen 和 Zhitomirski(2006) 运用范畴论对决策中的偏好导出问题进行了建模，从而将该问题归约为一个纯代数问题。

Zafiris(2005a,b) 运用范畴论中的伴随概念对复杂系统的概念结构的理解进行了建模。

Dekker(2002) 提供了一种基于范畴论的社交网络分析，并给出了社交网络中信念的形式语义。

Ellerman (2009) 为香农的信息论提供了一种基于范畴论的概念基础。

Johnson 等 (2005) 为了刻画多主体系统间的交互，基于范畴论构造了一种对话的数学模型。

# 第 2 章

# 逻辑语言的范畴论语义

在语言逻辑领域，范畴一词有两个含义：一个含义是语法类别，大致相当于语言学中的词性 (part of speech) 概念，有时也指语法类别对应的语义类别 (称为类型)；另一个含义是我们这里谈论的作为抽象数学结构的范畴。与这两个含义对应的逻辑分别称为范畴逻辑 (categorial logic) 或类型 – 范畴逻辑 (type-categorial logic) 和范畴论逻辑 (categorical logic)[①]。前者是建立在范畴语法基础上的高阶类型逻辑，是仍然基于集合论解释的逻辑；后者则是将逻辑语言置入一般范畴 (不一定是 **Set** 范畴) 中解释得到的逻辑，不同的逻辑对应不同结构的范畴。在这个意义上，范畴逻辑是范畴论逻辑的特例。事实上，几乎所有已知的逻辑 (包括类型论) 都可以置于范畴论框架下进行重新解释。

---

① categorical logic 有时也指亚里士多德意义上的词项逻辑，中文一般译作“范畴逻辑”。本书中的“范畴逻辑”和“范畴论逻辑”均不在这个意义上使用。

## 2.1 一阶谓词演算的范畴论语义

一阶谓词演算的语言由项 (term) 和公式构成。原子公式由谓词和项构成，其他公式在原子公式的基础上通过逻辑联结词和量词得到。在经典集合论语义中，项解释为论域中的个体 (个体变元的解释由指派给出)，谓词解释为个体间的关系 (或该关系所对应的特征函数)，公式解释为真值。原子公式的真假，由其项所对应的个体是否满足其谓词所对应的关系确定。复合公式的真假则通过将逻辑联结词和量词解释为某种真值函数得到。

在范畴论语义中，我们用具有某种特殊性质 (结构) 的范畴来解释一阶语言。其中，项解释为范畴中的箭头，公式解释为子对象。下面先给出经典一阶谓词演算在 **Set** 中的解释，然后将其推广到更一般的范畴。

范畴中的对象将被解释为命题，箭头将被解释为证明，恒等箭头对应公理 $A \to A$，箭头 $f : A \to B$ 与 $g : B \to C$ 的复合 $g \circ f : A \to C$ 则对应证明的传递性或 cut 规则。根据范畴中积的定义，不难发现，积可以用来解释合取。具体而言，在存在积的范畴中，有以下规则：

$$\frac{f : A \to B \quad g : A \to C}{\langle f, g\rangle : A \to B \times C} \qquad \frac{f : A \to B \times C}{p_1 \circ f : A \to B} \qquad \frac{f : A \to B \times C}{p_2 \circ f : A \to C}$$

它们分别对应以下关于合取的引入和消去规则：

$$\frac{A \vdash B \quad A \vdash C}{A \vdash B \wedge C} \qquad \frac{A \vdash B \wedge C}{A \vdash B} \qquad \frac{A \vdash B \wedge C}{A \vdash C}$$

对偶的，和则可用来解释析取。具体而言，在存在和的范畴中，我们有如下规则：

$$\frac{f : B \to A \quad g : C \to A}{[f, g] : B + C \to A} \qquad \frac{f : A \to B}{i_1 \circ f : A \to B + C} \qquad \frac{f : A \to C}{i_2 \circ f : A \to B + C}$$

它们分别对应以下关于析取的引入和消去规则：

$$\frac{B \vdash A \quad C \vdash A}{B \vee C \vdash A} \qquad \frac{A \vdash B}{A \vdash B \vee C} \qquad \frac{A \vdash C}{A \vdash B \vee C}$$

在存在指数对象的范畴中，有以下规则：

$$\frac{f : A \times B \to C}{\lambda f : A \to [B \to C]} \qquad \frac{g : A \to [B \to C]}{ev \circ (g \times 1_B) : A \times B \to C}$$

它们分别对应以下关于蕴含的引入和消去规则：

$$\frac{A \wedge B \vdash C}{A \vdash B \to C} \qquad \frac{A \vdash B \to C}{A \wedge B \vdash C}$$

考虑函子 $- \times B : \mathcal{C} \to \mathcal{C}$ 和函子 $[B \to -] : \mathcal{C} \to \mathcal{C}$，任给 $f : A \times B \to C$，存在唯一箭头 $\lambda f : A \to [B \to C]$，反之，任给 $g : A \to [B \to C]$，存在唯一箭头 $ev \circ (g \times 1_B) : A \times B \to C$，即 $\mathcal{C}(A \times B, C) \cong \mathcal{C}(A, [B \to C])$。故有

$$- \times B \dashv [B \to -]$$

即蕴含的引入和消去规则本质上对应的是乘积函子与指数函子之间的伴随关系。

更多关于一阶谓词演算的范畴论语义可参见 Johnstone(2003) 的著作。

## 2.2 λ 演算的范畴论语义

从函数 $y = f(x)$ 到项的作用 $y = fx$，可以看成是态射复合的特例：

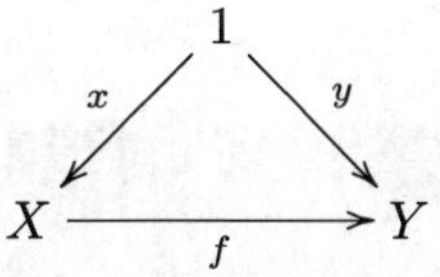


我们把简单类型 $\lambda$ 演算翻译到卡氏闭范畴 $\mathcal{C}$，使得每一个带类型的项 $x_1 : T_1, \cdots, x_k : T_k \vdash t : T$ 对应 $\mathcal{C}$ 中的箭头

$$[\![t]\!] : [\![T_1]\!] \times \cdots \times [\![T_k]\!] \to [\![T]\!]$$

其中解释函数 $[\![\ ]\!]$ 定义如下：

**定义 2.1** 令 $\mathcal{C}$ 为卡氏闭范畴，设对任意基本类型 $b$ 的指派为 $\tilde{b}$，则所有类型的解释递归定义如下：

$$[\![b]\!] := \tilde{b}$$

$$[\![T \times U]\!] := [\![T]\!] \times [\![U]\!]$$

$$[\![T \to U]\!] := [[\![T]\!] \to [\![U]\!]]$$

所有带类型的项的解释定义为

$$\frac{}{[\![\Gamma, x:T \vdash x:T]\!] := p_2 : [\![\Gamma]\!] \times [\![T]\!] \to [\![T]\!]}$$

$$\frac{[\![\Gamma \vdash t:T \times U]\!] = f : [\![\Gamma]\!] \to [\![T]\!] \times [\![U]\!]}{[\![\Gamma \vdash \pi_1 t:T]\!] := [\![\Gamma]\!] \xrightarrow{f} [\![T]\!] \times [\![U]\!] \xrightarrow{p_1} [\![T]\!]}$$

$$\frac{[\![\Gamma \vdash t:T]\!] = f : [\![\Gamma]\!] \to [\![T]\!] \qquad [\![\Gamma \vdash u:U]\!] = g : [\![\Gamma]\!] \to [\![U]\!]}{[\![\Gamma \vdash \langle t,u\rangle : T \times U]\!] := [\![\Gamma \xrightarrow{\langle f,g\rangle} [\![T]\!] \times [\![U]\!]}$$

$$\frac{[\![\Gamma, x:T \vdash t:U]\!] = f : [\![\Gamma]\!] \times [\![T]\!] \to [\![U]\!]}{[\![\Gamma \vdash \lambda x.t : T \to U]\!] := \lambda f : [\![\Gamma]\!] \to [[\![T]\!] \to [\![U]\!]]}$$

$$\frac{[\![\Gamma \vdash t:T \to U]\!] = f \qquad [\![\Gamma \vdash u:T]\!] = g}{[\![\Gamma \vdash tu:U]\!] := [\![\Gamma]\!] \xrightarrow{\langle f,g\rangle} [[\![T]\!] \to [\![U]\!]] \times [\![T]\!] \xrightarrow{ev} [\![U]\!]}$$

可以证明，简单类型 $\lambda$ 演算相对于上述语义是可靠和完全的。证明请参见 Abramsky 和 Tzevelekos (2011) 所写文章。

## 2.3 子结构逻辑的范畴论语义

我们先考察不带模态算子的线性逻辑。该逻辑的可乘合取、可加合取和蕴含联结词一般记为 $\otimes$、& 和 $\multimap$，其 Gentzen 演算规则如下：

$$\otimes L \quad \frac{\Gamma, A, B \vdash C}{\Gamma, A \otimes B \vdash C} \qquad\qquad \otimes R \quad \frac{\Gamma \vdash A \quad \Delta \vdash B}{\Gamma, \Delta \vdash A \otimes B}$$

$$\multimap L \quad \frac{\Gamma \vdash A \quad B, \Delta \vdash C}{\Gamma, A \multimap B, \Delta \vdash C} \qquad\qquad \multimap R \quad \frac{\Gamma, A \vdash B}{\Gamma \vdash A \multimap B}$$

$$\& L \quad \frac{\Gamma, A \vdash C}{\Gamma, A \& B \vdash C} \; \frac{\Gamma, B \vdash C}{\Gamma, A \& B \vdash C} \qquad \& R \quad \frac{\Gamma \vdash A \quad \Gamma \vdash B}{\Gamma \vdash A \& B}$$

线性 $\lambda$ 演算的形式语言定义如下：

**定义 2.2**　线性 $\lambda$ 演算的语言定义如下：

类型：$TY \ni T ::= b \mid T \multimap T \mid T \otimes T \mid T \oplus T$

项：$TE \ni t ::= x \mid tt \mid \lambda x.t \mid t \otimes t \mid\mid t \oplus t \mid t[z := x \otimes y] \mid t[z := \langle x, - \rangle] \mid$
$t[z := \langle -, y \rangle]$

语境：$\Gamma ::= \emptyset \mid x : T, \Gamma$

相应的，$\beta$ 归约规则定义为

$$(\lambda x.t)u \to_\beta t[u/x]$$

$$v[t \otimes u := x \otimes y] \to_\beta v[t/x, u/y]$$

$$v[\langle t, u \rangle := \langle x, - \rangle] \to_\beta v[t/x]$$

$$v[\langle t, u \rangle := \langle -, y \rangle] \to_\beta v[t/y]$$

项的类型演算规则如下：

$$\frac{}{x : T \vdash x : T} \qquad \frac{\Gamma \vdash t : T \quad x : T, \Delta \vdash u : U}{\Gamma, \Delta \vdash u[t/x] : U}$$

$$\frac{\Gamma \vdash t : T \quad \Delta \vdash u, U}{\Gamma, \Delta \vdash t \otimes u : T \otimes U} \qquad \frac{\Gamma, x : T, y : U \vdash v : V}{\Gamma, z : T \otimes U \vdash v[z := x \otimes y] : V}$$

$$\frac{\Gamma, x : U \vdash t : T}{\Gamma \vdash \lambda x.t : U \multimap T} \qquad \frac{\Gamma \vdash t : T \quad x : U, \Delta \vdash u : V}{\Gamma, f : T \multimap U, \Delta \vdash u[ft/x] : V}$$

$$\frac{\Gamma \vdash t : A \quad \Gamma \vdash u : B}{\Gamma \vdash \langle t, u \rangle : A \& B} \qquad \frac{\Gamma, x : A \vdash t : C}{\Gamma, z : A \& B \vdash t[z := \langle x, - \rangle] : C}$$

$$\frac{\Gamma, B \vdash C}{\Gamma, z : A \& B \vdash t[z := \langle -, y \rangle] : C}$$

下面我们利用对称单群闭范畴 (参见定义 1.37) 对上述线性逻辑给出语义解释。将

$$A_1, \cdots, A_k \vdash A$$

解释为箭头

$$f : A_1 \otimes \cdots \otimes A_k \to A$$

将交换规则

$$\frac{\Gamma, A, B, \Delta \vdash C}{\Gamma, B, A, \Delta \vdash C}$$

解释为

$$\frac{f : \Gamma \otimes A \otimes B \otimes B \otimes \Delta \vdash C}{f \circ (1_\Gamma \otimes \sigma_{B,A} \otimes 1_\Delta) : \Gamma \otimes B \otimes A \otimes \Delta \vdash C}$$

其他规则的对应解释如下：

$$\frac{\Gamma \vdash A \quad A, \Delta \vdash B}{\Gamma, \Delta \vdash B} \qquad \frac{f : \Gamma \to A \quad g : A \otimes \Gamma \vdash B}{g \circ (f \otimes 1_\Delta) : \Gamma \otimes \Delta \to B}$$

$$\frac{\Gamma \vdash A \quad \Delta \vdash B}{\Gamma, \Delta \vdash A \otimes B} \qquad \frac{f : \Gamma \to A \quad g : \Delta \to B}{f \otimes g : \Gamma \otimes \Delta \to A \otimes B}$$

$$\frac{\Gamma, A, B \vdash C}{\Gamma, A \otimes B \vdash C} \qquad \frac{f : (\Gamma \otimes A) \otimes B \to C}{f \circ \alpha_{\Gamma,A,B} : \Gamma \otimes (A \otimes B) \to C}$$

$$\frac{\Gamma, A \vdash B}{\Gamma \vdash A \multimap B} \qquad \frac{f : \Gamma \otimes A \to B}{\lambda f : \Gamma \to (A \multimap B)}$$

$$\frac{\Gamma \vdash A \multimap B \quad \Delta \vdash A}{\Gamma, \Delta \vdash B} \qquad \frac{f : \Gamma \vdash (A \multimap B) \quad g : \Delta \to A}{ev_{A,B} \circ (f \otimes g) : \Gamma \otimes \Delta \to B}$$

下面我们利用单子和余单子解释带模态算子 ! 的线性逻辑。! 的证明规则如下：

$$!L \quad \frac{\Gamma, A \vdash B}{\Gamma, !A \vdash B} \qquad !R \quad \frac{!\Gamma \vdash A}{\Gamma \vdash !A}$$

$$W \quad \frac{\Gamma \vdash B}{\Gamma, !A \vdash B} \qquad C \quad \frac{\Gamma, !A, !A \vdash B}{\Gamma, !A \vdash B}$$

其中 $!\{A_1, \cdots, A_n\} := !A_1, \cdots, !A_n$。经典蕴含与合取可定义为

$$A \to B =_{df} !A \multimap B$$

$$A \wedge B =_{df} A \& B$$

## 2.4 模态逻辑与范畴论

标准的 Kripke 模型在范畴论视角下可看作某种余代数 (coalgebra)。余代数是代数的对偶概念，是对动态系统 (特别是黑箱系统) 的数学抽象。推广经

典模态逻辑语言，构造适合于表达一般余代数结构的模态逻辑，成为近 10 年来模态逻辑领域的热点研究方向 (Moss, 1999)。由于不同类型的余代数本质上由其对应的函子确定，因此基于不同语义的的模态逻辑，包括标准 Kripke 语义、邻域语义、等级语义 (graded modal logic)、概率语义、条件句语义等，都可以统一在一个框架下表达，不同的模态逻辑以函子作为参数来区分。

**定义 2.3** (余代数 coalgebra)　给定范畴 $\mathcal{C}$ 和函子 $T:\mathcal{C}\to\mathcal{C}$，称由 $\mathcal{C}$ 中的对象 $X$ 和箭头 $\xi: X\to TX$ 构成的序对 $(X,\xi)$ 为一个 $T$余代数。任给 $\mathcal{C}$ 中的两个余代数 $(X,\xi)$ 和 $(X',\xi')$，若下面的图交换：

$$\begin{array}{ccc} X & \xrightarrow{\ \xi\ } & TX \\ {\scriptstyle f}\downarrow & & \downarrow{\scriptstyle Tf} \\ X' & \xrightarrow[\ \xi'\ ]{} & TX' \end{array}$$

即 $\xi'\circ f = Tf\circ\xi$，则称 $f$ 为从 $(X,\xi)$ 到 $(X',\xi')$ 的态射。

容易验证，所有的 $T$ 余代数和如上定义的余代数之间的态射构成一个范畴，记该范畴为 $\mathbf{Coalg}(T)$。

一个标准的模态框架 $(W,R)$ 可看作 $\wp$ 余代数 $(W,\xi)$，其中 $\wp:\mathbf{Set}\to\mathbf{Set}$ 为幂集函子；$\xi: W\to\wp(W)$ 将 $w\in W$ 映射为 $w$ 在 $R$ 下的所有后继构成的集合，即对任意 $w\in W$，

$$\xi(w)=\{u\in W\mid wRu\}$$

一个加标模态框架 $(W,\{R_i\}_{i\in I})$ 可看作 $\wp(\cdot)^I$ 余代数 $(W,\xi)$，其中函子 $\wp(\cdot)^I:\mathbf{Set}\to\mathbf{Set}$ 将任意集合 $X$ 映射为 $\wp(X)^I$，即所有从 $I$ 到 $\wp(W)$ 的函数；$\xi: W\to\wp(W)^I$ 输入 $w\in W$ 后得到一个定义在 $I$ 上的函数，该函数输入 $i\in I$ 后得到 $w$ 在 $R_i$ 下的所有后继构成的集合，即对任意 $w\in W, i\in I$，

$$\xi(w)(i)=\{u\in W\mid wR_iu\}$$

一个邻域框架 $(W,N)$ 可看作 $\wp^2$ 余代数 $(W,N)$，其中函子 $\wp^2:\mathbf{Set}\to\mathbf{Set}$ 将任意集合 $X$ 映射为 $X$ 的幂集的幂集，即 $\wp(X)=\wp(\wp(W))$，将任意函数 $f: X\to Y$ 映射为函数 $(f^{-1})^{-1}:\wp(\wp(X))\to\wp(\wp(Y))$，其中 $f^{-1}$ 将任意集合 $Z$ 映射为 $Z$ 在 $f$ 下的原像，即 $f^{-1}(Z)=\{x\mid f(x)\in Z\}$。

# 第3章

# 自然语言的范畴论语义

我们先用一个例子来表明范畴论为何能对内涵作出更精细的刻画。在集合论语义中，所有命题按照后承关系构成一个偏序。若将该偏序看作一个范畴，则该范畴的始对象 $\mathbf{0}$ 即为偏序的最小元 $\perp$，终对象 $\mathbf{1}$ 为偏序的最大元 $\top$。一个 $\top = \perp$ 的偏序是平凡的，即只包含一个元素，但一个 $\mathbf{1} = \mathbf{0}$ 的范畴则不一定是平凡的。这样的范畴只意味着任意两个对象之间都有箭头，而这些箭头不一定是同构。

## 3.1 范畴论视野下的元素、对象和性质

集合 $X$ 的元素与从单点集到 $X$ 的映射一一对应。因此 $X$ 的元素可看作范畴 $\mathbf{Set}$ 中从终对象 (即单点集) 到 $X$ 的态射。一般的，对具有终对象的任意范畴 $\mathcal{C}$，可定义 $\mathcal{C}$ 中对象 $X$ 的元素为从终对象到 $X$ 的态射。由此我们可以发现集合范畴的一些特殊性质，如外延性。在集合范畴 $\mathbf{Set}$ 中，设 $X \xrightarrow{f} Y$ 且 $X \xrightarrow{g} Y$，若对任意 $1 \xrightarrow{x} X$，有 $fx = gx$，那么 $f = g$。但这个性质对于一般范畴并不成立。

在上述观点下，可以定义更一般的元素，即从任意集合 $T$ 到 $X$ 的一个映射都被看作一个元素，称为广义元素。这种元素观可以很好地解释为什么 temperature 时刻都在变化，而我们仍然使用 the temperature，为什么一个人从小到大经历了无数变化，而仍然被看作同一个人。①

在集合论观点下，一个对象由其内容决定；在范畴论观点下，一个对象由它和其他对象之间的关系决定。前者是从内部看，后者是从外部看。这有点类似于具体论证理论和抽象论证理论，按照具体论证理论，一个论证的好坏由其内部的前提和结论决定，按照抽象论证理论，一个论证的好坏由它与其他论证之间的关系决定。

## 3.2 三段论的内涵语义

### 3.2.1 问题与动机

由于自然语言的内涵性特点，并不是所有形式上有效的三段论推理都是实际上有效的，如下面的例子：

动物园里的所有动物都是大象
动物园里的所有大象都不大
———————————————
动物园里所有动物都不大

这个形式上有效的推理之所以无效，是因为尽管大象是动物，但小的大象不是小的动物。为了更好地刻画这类三段论推理，La Palme Reyes 等 (1994a) 基于范畴论对三段论推理推出了新的语义。

### 3.2.2 基本定义

令 $\mathcal{P} = (P, \leqslant)$ 为一个预序，即 $\leqslant$ 满足自反性和传递性。直观上，$P$ 解释为所有情境 (situation) 的集合，$U \leqslant V$ 解释为情境 $U$ 包含的信息不少于情境 $V$ 所包含的信息。称 $D \subseteq P$ 是向下封闭的，若对任意 $U \in D$ 及 $V \leqslant U$ 都有 $V \in D$。令 $\Gamma(\Omega)$ 为所有向下封闭的 $D$ 构成的集合。容易验

① 参见 Lawvere and Rosebrugh, 2003, 16, 17。

证，$(\Gamma(\Omega),\cup,\cap,\emptyset,P)$ 构成一个 Heyting 代数，其中的蕴含 $\to$ 定义如下：

$$D \to D' = \bigcup\{D'' \in \Gamma(\Omega) \mid D \cap D'' \subseteq D'\}$$

下面，$(\Gamma(\Omega),\cup,\cap,\emptyset,P)$ 常简写为 $\Gamma(\Omega)$。

通名被解释为类(kind)，一个类定义为序对$(A,\epsilon_A)$，其中$A$对应相应的通名所指称的所有个体构成的集合，$\epsilon_A : A \to \Gamma(\Omega)$为从$A$到$\Gamma(\Omega)$的函数，$\epsilon_A(d)$ 对应所有包含个体$d$的情境构成的集合。以下$(A,\epsilon_A)$常简写为$A$。

所有的类按照如下方式构成一个范畴 $\mathcal{K}$：若函数 $f : A \to B$ 满足对所有 $a \in A$，$\epsilon_A(a) \subseteq \epsilon_B(f(a))$，则 $f$ 构成对象 $(A,\epsilon_A)$ 到对象 $(B,\epsilon_B)$ 的态射。

由于谓词 (predicable) 相对于不同的类其解释是不同的，故谓词解释为相对于类的谓述 (predicate)。相对于类 $A$ 的一个谓述定义为从 $A$ 到 $\Gamma(\Omega)$ 的一个函数 $\varphi$。$\varphi(d)$ 对应所有 $d$ 具有 $\varphi$ 性质的情境构成的集合。

为了解释属于不同类的个体是同一个体，即个体的偶然同一 (coincidence)，需要一个最大的抽象的类，即实体类 (entity)。实体类是相对于一族具体的类而言的。一族具体的类被定义为一个指标集，在范畴论中对应一个从某个小范畴 $\mathcal{L}$ 到 $\mathcal{K}$ 的函子 $I$。函子 $I$ 对应的实体类定义为 $I$ 的余极限。记 $E_0 = \{(a,i) \mid a \in I(i)\}$。定义 $E_0$ 上的等价关系 $\sim$ 如下：$(a,i) \sim (b,j)$ 当且仅当在 $I$ 中存在如下态射关系：

$$\begin{array}{ccccccc} & & i_1 & & i_{n-1} & & \\ & \swarrow & & \searrow \quad \swarrow & & \searrow & \\ i=i_0 & & & \cdots & & & i_n=j \end{array}$$

令 $E = E_0/\sim$，即所有等价类 $[(a,\,i)]_{a\in I(i)}$ 构成的集合。定义关系 $\epsilon$ 如下：

$$\epsilon_E([(a,i)]) = \bigcup\{\epsilon_{I(j)}(b) : (a,i) \sim (b,j)\}$$

容易验证，$(E,\epsilon_E)$ 构成 $I$ 的余极限。

定义典范映射 $\eta_i : I(i) \to E$ 为 $\eta_i(a) = [(a,i)]$。定义偶然同一关系

$$\delta_I : E_0 \times E_0 \to \Gamma(\Omega)$$

为：$U \in \delta_I((a,i),(b,j))$ 当且仅当存在 $L$ 中的链和 $a_k \in I(i_k)(0 \leqslant k \leqslant n)$ 使得 $a = a_0$，$b = a_n$ 且 $I(i_k \to i_{k-1})(a_k) = a_{k-1}$，$I(i_i \to i_{k+1})(a_k) = a_{k+1}$，且

$U \in \epsilon_{I(i_k)}(a_k)$ $(0 \leqslant k \leqslant n)$。$\delta_I$ 具有下面的性质。

**命题 3.1** (1) $\delta_I((a,i),(b,j)) = \delta_I((b,j),(a,i))$;

(2) $\delta_I((a,i),(b,j)) \cap \delta_I((b,j),(c,k)) \subseteq \delta_I((a,i),(c,k))$;

(3) $\delta_I((a,i),(b,j)) \subseteq \epsilon_{I(i)}(a) \cap \epsilon_{I(j)}(b)$。

定义类系统 $I : \mathcal{L} \to \mathcal{K}$ 的 $\epsilon$ 谓述为一族 $(\varphi_i)_{i\in|\mathcal{L}|}$，使得 $\varphi_i$ 为类 $I(i)$ 的一个 $\epsilon$ 谓述。称 $I$ 的一个 $\epsilon$ 谓述 $(\varphi_i)$ 是*函子的*，若存在函子

$$\varPhi : \mathcal{L} \to \mathrm{Pred}_\epsilon(\mathcal{K})$$

使得下面的图是交换的：

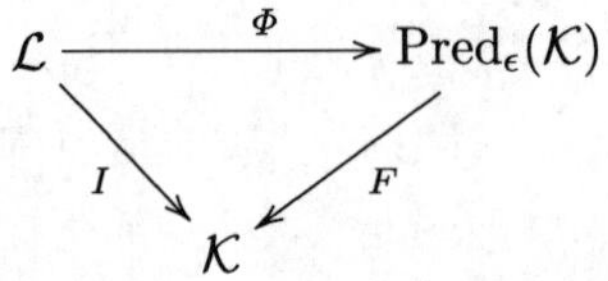


且对 $i \in |\mathcal{L}|$, $\varPhi(i) = \varphi_i$。$\mathrm{Pred}_\epsilon(\mathcal{K})$ 是所有 $\epsilon$ 谓述构成的范畴，$F$ 是遗忘函子。等价的，$(\varphi_i)$ 是自然的，若对每个 $\alpha : i \to j \in \mathcal{L}$, $\varphi_i = \epsilon_{I(i)} \cap (\varphi_i \circ I(\alpha))$，即下面的图交换：

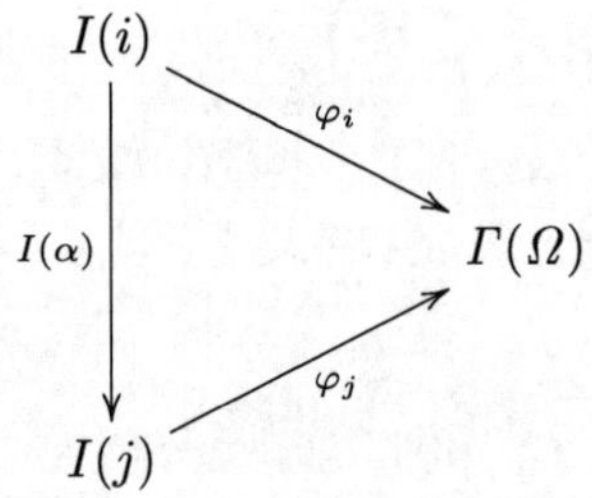


称 $I$ 的 $\epsilon$ 谓述 $(\varphi_i)$ 是*外延的*，若对所有 $i, j \in |\mathcal{L}|$, $a \in I(i)$ 和 $b \in I(j)$,

$$\varphi_i(a) \cap \delta_I((a,i),(b,j)) \subseteq \varphi_j(b)$$

下面的命题表明，外延性与函子性是等价的。

**命题 3.2** 类系统 $I$ 的 $\epsilon$ 谓述是函子的当且仅当它是外延的。

证明 参见 La Palme Reyes 等，1994a。

□

### 3.2.3 三段论的范畴论语义

下面给出通名和谓词的范畴论解释。通名的解释定义为函子

$$|| \, || : \mathcal{N} \to \mathcal{K}$$

其中范畴 $\mathcal{K}$ 中有箭头 $||A|| \to ||B||$ 当且仅当“所有 $\underline{A}$ 是 $\underline{B}$”成立。为简单起见，记 $\delta_{||\,||}((a, A), (b, B))$ 为 $\delta(a, b)$，若 $A, B$ 可由上下文得到。

谓词 $\varphi$ 相对于 $\mathcal{N}$ 的解释 $||\,||$ 的解释为函数 $||\varphi||$，使得对每个通名 $\underline{A}$ 都有序对 $(||A||, \varphi_{\underline{A}})$，其中 $\varphi_{\underline{A}}$ 是 $||A||$ 的 $\epsilon$ 谓述，即

$$\varphi_{\underline{A}} : ||A|| \to \Gamma(\Omega)$$

这样，$||\varphi||(\underline{A})$ 是 $\mathrm{Pred}_\epsilon(\mathcal{K})$ 中的对象。

一个通名可以变成一个谓词：如从“狗”变为“是狗”。二者之间的语义关系如何给出呢？令 $\delta_{||\,||}$ 为上面定义的偶然同一关系。对通名 $\underline{A}$，谓词“是 $\underline{A}$”的解释为谓述 $(A_{\underline{B}})_{\underline{B} \in |\mathcal{N}|}$，使得

$$A_{\underline{B}}(b) = \bigcup \{\delta_{||\,||}((a, \underline{A}), (b, \underline{B}) \mid a \in ||A||\}$$

利用 $\delta_{||\,||}$ 的性质容易验证下面的命题：

**命题 3.3** 从通名 $\underline{A}$ 导出的谓词“是 $\underline{A}$”的解释 $(A_{\underline{B}})_{\underline{B} \in |\mathcal{N}|}$ 是一个外延的 $\epsilon$ 谓述。

定义范畴论语义下三段论的可满足关系 $\models$ 如下：

(1) $U \models$ 所有$\underline{A}$是$\varphi$，当且仅当 $\forall V \leqslant U \forall a \in A : V \in \epsilon_A(a) \Rightarrow V \in \varphi_{\underline{A}}(a)$；

(2) $U \models$ 有些$\underline{A}$是$\varphi$，当且仅当 $\exists a \in A : U \in \epsilon_A(a) \wedge U \in \varphi_{\underline{A}}(a)$；

(3) $U \models$ 所有$\underline{A}$不是$\varphi$，当且仅当 $\forall V \leqslant U \forall a \in A \forall W \leqslant V : V \in \epsilon_A(a) \Rightarrow W \notin \varphi_{\underline{A}}(a)$；

(4) $U \models$ 有些$\underline{A}$不是$\varphi$，当且仅当 $\exists a \in A : U \in \epsilon_A(a) \wedge \forall V \leq U \; V \notin \varphi_{\underline{A}}(a)$；

(5) $U \models$ 没有$\underline{A}$不是$\varphi$，当且仅当 $\forall V \leqslant U \forall a \in A \forall W \leqslant V \exists W' \leqslant W : V \in \epsilon_A(A) \Rightarrow W' \in \varphi_{\underline{A}}(a)$；

(6) $U \models$ 没有$\underline{A}$是$\varphi$，当且仅当 $U \models$ 所有$\underline{A}$不是$\varphi$。

下面验证如下形式的三段论在上述语义下是否有效：

$$\frac{\begin{array}{c}\text{所有 } \underline{A} \text{ 是 } \underline{\beta} \\ \text{所有 } \underline{B} \text{ 是 } \underline{\psi}\end{array}}{\text{所有 } \underline{A} \text{ 是 } \underline{\psi}}$$

其中 $\underline{\beta}$ 是谓词"是 $\underline{B}$"。假设 $U \models$ 所有$\underline{A}$是$\underline{\beta}$ 和 $U \models$ 所有$\underline{B}$是$\underline{\psi}$，由于 $\psi_{\underline{A}}$ 不一定等于 $\psi_{\underline{B}}$，上述三段论在范畴论语义下是无效的。只有当 $\psi$ 是外延的或函子的时候，上述三段论才是有效的。更一般的，有以下定理：

**定理 3.1** 所有 (据经典集合论语义) 有效的三段论，若其中的谓词都是外延的，那么它们也是范畴论有效的。

证明 参见 La Palme Reyes et al.,1994a。

□

## 3.3 否定的范畴论解释

本节介绍 La Palme Reyes 等 (1994b) 的工作。

### 3.3.1 理论动机

在英语等包含词缀的自然语言中，至少存在三种不同的否定：

(1) 语句否定，即对整个语句的否定，如"It is not the case that John is honest"；

(2) 谓词否定，通过否定词对谓词的否定，如"John is not honest"；

(3) 词缀否定，通过词缀对谓词的否定，如"John is dishonest"。

语句否定与谓词否定是否存在区别尚存争议，但一般认为，谓词否定与词缀否定并不等价，后者通常更强，即后者蕴含前者，而前者不蕴含后者。前者通常遵循排中律，即要么 John is honest，要么 John is not honest，后者则不遵守排中律，John is honest 和 John is dishonest 可以都不成立。严格来说，标准的逻辑语言只有对语句否定的刻画，而缺少对后两种否定的刻画。特别的，在标准的逻辑语言中，dishonest 被处理为初始谓词。但是很显然，"being honest"与"being dishonest"之间的关系，同"being a cat"与"bing a dog"之间的逻辑关系是不同的。

当然，并不是所有的否定词缀都如同 honest 与 dishonest 之间的关系一样。例如，undecidable 与 not decidable 就是同义的，类似的还有 untrue 与 not true。另外，还有一些否定词缀的意义比较微妙，不是简单的否定关系，如 famous 与 infamous，一个人可以因为 infamous 而 famous。作者的理论框架尚无法处理这部分比较特殊的否定词缀。

### 3.3.2 直观思想

在分析 honest 这个谓词时，可以先确定几个不同的方面，如家庭生活、工作、他人，每个方面又可继续划分为若干个子方面。如果某个人在这几个不同方面都达到了要求，那么就说他是 honest，若至少有一个方面没有达到要求，则说他是 not honest，如果每一方面都未达到要求，就说他是 dishonest。

除了在谓词层面有这两种不同的否定外，作者还在句子层面引入了两种否定。在句子层面与 not honest 对应的否定是 It is not true that；在句子层面与 dishonest 对应的否定是 It is false that，即有：

(1) John is not honest iff it is not true that John is honest.

(2) John is dishonest iff it is false that John is honest.

可见在作者给出的语义中，not true 与 false 并不等价。最终的形式语义是通过预层拓扑斯 (presheaf topos) 给出的，其中 (2) 总是有效的，而 (1) 则不是在所有预层拓扑斯中都有效，这样不但能区分谓词否定与词缀否定，还可以区分语句否定与谓词否定。

### 3.3.3 形式刻画

布尔代数是带补元的有界分配格：

$$(B, \leqslant, \vee, \wedge, 0, 1, ^c)$$

其中

$$\begin{aligned} x \leqslant y \quad &\Leftrightarrow \quad x = x \wedge y \\ x \vee x^c \quad &= \quad 1 \\ x \wedge x^c \quad &= \quad 0 \end{aligned}$$

经典逻辑的否定即由布尔代数中的补运算定义。为了区分谓词否定与词缀否定，作者在有些分配格上引入两种否定运算 $\neg$ 和 $\sim$：

$$y \leqslant \neg x \quad \Leftrightarrow \quad y \wedge x = 0$$

$$\sim x \leqslant y \quad \Leftrightarrow \quad x \vee y = 1$$

这两种否定互为对偶，其中 $\neg x$ 直观含义为：与 $x$ 不相交的最大元，$\sim x$ 的直观含义为：能补足 $x$ 的最小元。前一种否定即为直觉主义逻辑中的否定。在布尔代数中，这两种否定都退化为补运算，即

$$\neg = \sim =^c$$

在判断一个人是否 honest 时，将所有考虑的方面看作一个范畴，范畴中的每个对象代表一个方面，箭头 $A \to B$ 表示 $A$ 是 $B$ 的子方面，$G$ 是最后的总方面。这样的范畴具有两个性质：

(1) 具有终对象 $G$；

(2) 两个对象之间最多有一个箭头。

这样的范畴实际上是一个具有最大元的预序，记为 $\mathcal{C}$。

考虑关于某个集合 $X$ 中的对象的谓词 $\Phi$，将其处理为一组谓词 $(\Phi_A)_{A\in\mathcal{C}}$，$X$ 中的个体 $x$ 在 $A$ 方面具有性质 $\Phi$ 可表示为 $x \in \Phi_A$。若 $x \in \Phi_A$ 且 $A' \to A$，则应有 $x \in \Phi_{A'}$。同时，$x \in \Phi$ 当且仅当对任意 $A \in \mathcal{C}$，$x \in \Phi_A$。接下来，将 $x \in \Phi_A$ 记作 $x \in_A \Phi$。

令 $P(X)$ 为所有关于 $X$ 中的对象的谓词构成的集合，定义如下有界分配格：

$$(P(X), \leqslant, \vee, \wedge, \top, \bot)$$

其中

$$\Phi \leqslant \Psi \quad \Leftrightarrow \quad \forall A \in \mathcal{C} \quad \forall x \in X (x \in_A \Phi \Rightarrow x \in_A \Psi)$$

$$x \in_A (\Phi \vee \Psi) \quad \Leftrightarrow \quad x \in_A \Phi \text{ or } x \in_A \Psi$$

$$x \in_A (\Phi \wedge \Psi) \quad \Leftrightarrow \quad x \in_A \Phi \text{ and } x \in_A \Phi$$

给定谓词 $\Phi$, 定义 $\neg\Phi$ 和 $\sim\Psi$ 如下：

$$x \in_A \neg\Phi \quad \Leftrightarrow \quad \forall A' \to A \in \mathcal{C}, x \notin_{A'} \Phi$$

$$x \in_A \sim \Phi \quad \Leftrightarrow \quad \exists A' \to A \in \mathcal{C}, x \notin_{A'} \Phi$$

易证, 下列依附关系成立：

$$\frac{\Psi \leqslant \neg\Phi}{\Psi \wedge \Phi = \bot} \qquad \frac{\sim \Phi \leqslant \Psi}{\top = \Phi \vee \Psi}$$

按照上述定义, $x \in_A \sim \Phi$ 实际上不依赖于 $A$, 但 $x \in_A \neg\Phi$ 则不然。

## 3.4 组合性与语境性的范畴论解释

语言逻辑的一个核心问题是表达式的整体意义如何由其组成部分的意义得到。在考虑语篇时, 需要考虑的表达式就不能是孤立的语句, 而是由语句构成的序列。这时语句的意义不再仅仅由其组成部分的意义决定, 而是依赖于其所在的上下文, 即所谓的语境性。意义的组合性与语境性究竟是何关系呢? Prosorov (2006) 基于范畴论中的预层 (presheaf) 概念给出了在语篇水平上组合性与语境性的形式刻画。

**定义 3.1** 给定拓扑空间 $X$, $X$ 上的*预层*$F$ 定义如下：

(1) $F$ 为定义在 $X$ 的所有开集上的函数,

(2) 对每对开集 $V \subseteq U$, 函数 $res_{V,U} : F(U) \to F(V)$ 满足

$-res_{U,U} : F(U) \to F(U)$是恒等函数, 对$X$的每个开集$U$;

$-res_{W,V} \circ res_{V,U} = res_{W,U}$ 对所有开集 $W \subseteq V \subseteq U$。

换言之, $X$ 上的一个预层 $F$ 就是一个反变函子 $F : O(X)^{\mathrm{op}} \to \mathbf{Set}$, 其中 $O(X)$ 为由 $X$ 中的所有开集作为对象, 由集合包含关系作为箭头的范畴。

令 $X$ 为所有可接受的文本的集合, 其所有有意义的文本序列构成一个拓扑空间。任给 $X$ 的一个开集 (片段)$U$, 令 $\mathcal{F}(U)$ 为 $U$ 的所有意义 (或读法) 构成的集合, 则 $\mathcal{F}$ 为 $X$ 上的预层。

**定义 3.2** 称 $X$ 上的预层 $\mathcal{F}$ 满足*分离性*(separability), 若只要对任意开集 $U$ 和 $s, t \in \mathcal{F}(U)$, 存在一个开覆盖 $U = \bigcup_{j\in J} U_j$ 使得 $res_{U,U_j}(s) = res_{U,U_j}(t)$, 则 $s = t$。

**定义 3.3**　$X$ 上的预层满足组合性(compositionality)，若对任意 $X$ 的开集 $U$，对任意开覆盖 $U=\bigcup_{j\in J}U_j$，对任意 $s_j\in\mathcal{F}(U_j)$，只要 $res_{U_i,U_i\cap U_j}(s_i)=res_{U_j,U_i\cap U_j}(s_j)$，则存在 $s\in\mathcal{F}(U)$ 使得对所有 $j\in U$，$res_{U,U_j}(s)=s_j$。

在层理论中，同时满足分离性和组合性的预层称为层(sheaf)。

**定义 3.4** (Frege 的一般组合性原则)　一个可分离的片段意义的预层 $\mathcal{F}$ 构成一个层。

**定义 3.5**　称两个片段意义 $s\in\mathcal{F}(U)$ 和 $t\in\mathcal{F}(V)$ 导出 $x$ 的相同的语境意义(记作 $s\sim_x t$) 若存在 $x$ 的邻域 $W\subseteq U\cap V$ 使得 $res_{U,W}(s)=res_{V,W}(t)\in\mathcal{F}(W)$。易见 $\sim_x$ 是等价关系。每一个等价类称为 $x$ 的语境意义。所有等价类构成的集合记为 $\mathcal{F}_x$，称为 $\mathcal{F}$ 在 $x$ 处的茎(stalk)。$s$ 在 $\mathcal{F}_x$ 中的等价类称为 $s$ 在 $x$ 处的胚。

**定义 3.6** (Frege 的一般语境性原则)　令 $x$ 是 $X$ 的一个片段 $U$ 中的语句，$x$ 的语境意义由 $U$ 的某个片段意义 $s\in\mathcal{F}(U)$ 的胚定义；$x$ 的所有语境意义构成的集合 $\mathcal{F}_x$ 由 $\mathcal{F}$ 在 $x$ 处的茎定义，即 $\mathcal{F}_x=\varinjlim(\mathcal{F}(U),res_{U,V})_{U,V\in\mathcal{V}(x)}$，其中 $\mathcal{V}(x)$ 是 $x$ 的所有邻域构成的集合。

# 第 4 章

# 基于范畴论的内涵推理

自然语言语义的形式化一直存在两大流派：逻辑派和概率派[①]。前者强调语义的组合性，后者则强调语义的语境性。前者假定词汇 (通常是实词) 的意义已知，重点研究由词汇的意义如何组合得到语句的意义；后者则主要研究词汇的意义，通过词语在不同语境下的概率分布获得词汇之间的意义相似性。二者各有优劣，融合二者可谓众望所归。但由于两派的研究框架迥异，二者的融合一直是学界的一大难题。为了融合二者，必须有更抽象、更一般的数学结构统一逻辑符号模型和概率分布模型。范畴论的出现使得这一问题的解决成为可能。

## 4.1 预群语法

预群语法与 Lambek 演算相比更具灵活性。除了能很好地应用于英语外，还能应用于法语、波兰语、波斯语等其他语言。预群语法的另一个优点是，在范畴论观点下，预群与向量空间具有相同的数学结构：它们都是紧致闭范畴

① 这两大流派在人工智能和认知科学能领域也存在，分别对应符号主义 (symbolism) 和连接主义 (connectionism)。

的特例。事实上，预群是向量空间的范畴论逻辑的偏序特例。这一性质为融合逻辑方法与概率方法、构造组合性分布式语义提供了理论基础。

### 4.1.1 理论

**定义 4.1**(预群 pregroup)　若结构 $\mathcal{G}=(G,\leqslant,\cdot,(-)^l,(-)^r,1)$ 满足下列条件：

(1) $(G,\leqslant)$ 是一个偏序；

(2) $(G,\cdot,1)$ 是一个单群；

(3) (单调性条件) 对任意 $a,b,c\in G$，若 $a\leqslant b$，则 $ca\leqslant cb$ 且 $ac\leqslant bc$；

(4) $(-)^l,(-)^r$ 为 $G$ 上的一元运算，且对任意 $a\in G$，

$$(\text{PRE})a^la\leqslant 1\leqslant aa^l \text{ 且 } aa^r\leqslant 1\leqslant a^ra$$

则称 $\mathcal{G}$ 为预群，称满足 (PRE) 的 $a^l$ 和 $a^r$ 分别为 $a$ 的左伴随和右伴随。

若 $\mathcal{G}=(G,\leqslant,\cdot,1)$ 满足上述定义中的前 3 个条件，则称 $\mathcal{G}$ 为偏序单群 (partially ordered monoid)。因此，预群即为每个元素都有左伴随和右伴随的偏序单群。

**定义 4.2**(剩余单群 residualted monoid)　若 $\mathcal{G}=(G,\leqslant,\cdot,\backslash,/,1)$ 满足下列条件：

(1) $(G,\leqslant)$ 是一个偏序；

(2) $(G,\cdot,1)$ 是一个单群；

(3) $\backslash,/$ 为 $G$ 上的二元运算，且对任意 $a,b,c\in G$，

$$(\text{RES})ab\leqslant c \text{ 当且仅当 } b\leqslant a\backslash c \text{ 当且仅当 } a\leqslant c/b$$

则称 $\mathcal{G}$ 为剩余单群。

容易验证，若 $\mathcal{G}=(G,\leqslant,\cdot,\backslash,/,1)$ 为剩余单群，则 $(G,\leqslant,\cdot,1)$ 为偏序单群。

**命题 4.1**　令 $\mathcal{G}=(G,\leqslant,\cdot,l,r,1)$ 为预群，则

(1) 若 $x\leqslant y$，则 $y^l\leqslant x^l$ 且 $y^r\leqslant x^r$，因此 $x^{ll}\leqslant y^{ll}$ 且 $x^{rr}\leqslant y^{rr}$；

(2) $x^{lr}=x=x^{rl}$；

(3) $(xy)^l=y^lx^l$，$(xy)^r=y^rx^r$。

### 4.1.2 应用

· 代表符号串的类型连接，1 代表空串类型。基本类型如下：

$n$ : 名词　　　　$s$ : 语句

$j$ : 不及物动词　$\sigma$ : 黏结类型 (glueing type)

| Romeo | loves | Juliet |
|---|---|---|
| $n$ | $n^r s n^l$ | $n$ |

归约如下：

$$n(n^r s n^l)n = (nn^r)s(n^l n) \leqslant 1s1 = s$$

用图表示如下：

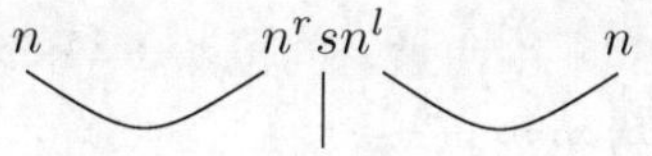


| Romeo | does | not | love | Juliet |
|---|---|---|---|---|
| $n$ | $n^r s j^l \sigma$ | $\sigma^r j j^l \sigma$ | $\sigma^r j n^l$ | $n$ |

归约如下：

$$n(n^r s j^l \sigma)(\sigma^r j j^l \sigma)(\sigma^r j n^l)n \leqslant 1sj^l 1jj^l 1j \leqslant s$$

用图表示如下：

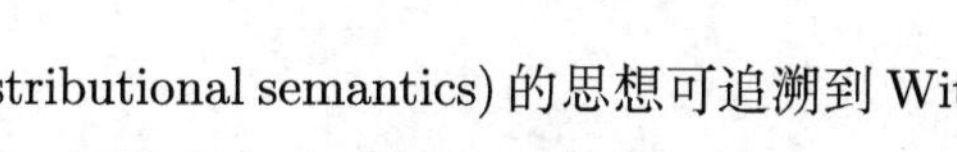


## 4.2 分布语义

分布语义 (distributional semantics) 的思想可追溯到 Wittgenstein。Wittgenstein (1953) 提出，词的意义在于其在语言中的使用。Firth (1957) 进一步发展了这一思想，他认为"通过其总是相伴的词即可知道一个词的意义"。若人们在使用 $A$ 这个词的各种场合也总是使用 $B$，反之亦然，则有理由相信，$A$ 和 $B$ 具有相似的意义。更精确的方法如下：首先确定一些语境 (一些词或短语，或任意有穷长的语词串)，然后统计在给定的语料库中目标词在这些语境中分别出现的次数 (频率)，这样得到一个向量，该向量即被看作目标词的意义。通过计算向量之间的距离 (如求向量的内积)，即可确定不同目标词之间意义差别的大小。这一方法已被成功用于各种自然语言处理任务，包括词汇习得、词义区分和消歧、语言建模、文本分割、文档提取等。该方法能够较好地反映意义的渐变性，并且具有经验科学研究结果的支持：实验表明，人类认知系统对于分布信息的确具有敏感性。

## 4.3 组合性分布语义

考虑实数域 $\mathbb{R}$ 上的有限维向量空间范畴 $\mathbf{FVect}_{\mathbb{R}}$，则该范畴与向量空间的张量积构成 (对称) 紧致闭范畴。特别的，对于表示意义的向量空间，可由固定的基底导出内积 (inner-product)。此时，给定向量空间 $V$ 和基底 $\{\vec{e}_i\}_i$，令 $V^l = V^r = V$，则

$$\eta^l = \eta^r : \mathbb{R} \to V \otimes V :: 1 \mapsto \sum_i \vec{e}_i \otimes \vec{e}_i$$

$$\epsilon^l = \epsilon^r : V \otimes V \to \mathbb{R} :: \sum_{ij} c_{ij} \vec{v}_i \otimes \vec{u}_j \mapsto \sum_{ij} c_{ij} \langle \vec{v}_i | \vec{u}_j \rangle$$

另一方面，每个预群作为一个关于 $\leqslant$ 的偏序可看作一个范畴：对象 $p$ 到 $q$ 有箭头当且仅当 $p \leqslant q$(该箭头记作 $[p \leqslant q]$)。易见，任意两个对象之间至多有一个箭头。预群实际上还是紧致闭的单群范畴，此时，$\cdot$ 即为张量积，且

$$\eta^l = [1 \leqslant p \cdot p^l], \quad \epsilon^l = [p^l \cdot p \leqslant 1]$$

$$\eta^r = [1 \leqslant p^r \cdot p], \quad \epsilon^r = [p \cdot p^r \leqslant 1]$$

由于任意两个对象之间至多有一个箭头，紧致闭范畴定义中的 4 个等式空洞成立。

由及物动词加主语和宾语组成的语句可以表示为箭头：

$$\epsilon_n^r \otimes 1_s \otimes \epsilon_n^l : n \otimes n^r \otimes s \otimes n^l \otimes n \to s$$

**定义 4.3**　令 $\mathbf{FVect}$ 为所有域 $F$ 上的向量空间构成的范畴，$P$ 为一个预群。称 $\mathbf{FVect} \times P$ 中的一个元素 $(W, p)$ 为一个意义空间。

**定义 4.4** 定义单词串 $w_1 \cdots w_n$ 的意义为向量

$$\overrightarrow{w_1 \cdots w_n} = f(\overrightarrow{w_1} \otimes \cdots \otimes \overrightarrow{w_n})$$

其中对每个 $w_i$ 的意义空间 $(W_i, p_i)$，线性映射 $f$ 由替换 $[p_1 \cdots p_n \leqslant x]$ 中的 $p_i$ 为 $W_i$ 得到，即对 $\alpha = [p_1 \cdots p_n \to x]$，$f = \alpha[p_i/W_i]$。称 $\mathbf{FVect} \times P$ 中的箭头

$$(W_1 \otimes \cdots \otimes W_n, p_1 \cdots p_n) \xrightarrow{(f,\leqslant)} (X, x)$$

为意义组合函数。

## 4.4 从意义相似性到内涵推理

分布式语义可以给出每个单词的意义向量，通过上述范畴论方法，则可以从单词的意义向量出发，获得更复杂的表达式 (特别是语句) 的意义向量，有了语句的意义向量后，我们就可以进行内涵推理。其步骤如下：

(1) 给出意义相似性阈值 $\sigma$。

(2) 将所有差别小于 $\sigma$ 的意义向量看作相同的相同，即定义

$$\vec{\alpha} \sim \vec{\beta} \text{当且仅当} d(\vec{\alpha}, \vec{\beta}) \leqslant \sigma$$

(3) 定义内涵后承关系 $\vDash$ 为

$$\varphi \vDash \psi \text{当且仅当} \overrightarrow{\varphi \wedge \psi} \sim \vec{\varphi}$$

即语句 $\varphi$ 可以内涵推出 $\psi$，当且仅当 $\varphi \wedge \psi$ 的意义与 $\varphi$ 的意义相同 (意义差别小于给定的阈值)。

由于上述内涵推理是建立在意义相似性的基础上的，因此这样的推理不是完全可靠的，可能会导致推出过多，但它能弥补经典外延性推理推出过少的不足，特别是一些形式上无效而根据意义有效的推理 (如所有单身汉都是未婚的) 可以通过这种方式得到。

Ⅱ

# 语境内涵语义

为了解决经典逻辑不足以刻画自然语言内涵性的问题，自 20 世纪 60 年代以来产生了许多内涵逻辑和超内涵逻辑。[①] 经典内涵逻辑的一个重要思想就是把外延语境化了：同一个表达式在不同语境下可以有不同指称。经典内涵逻辑所理解的语境 (如情境、可能世界) 是一种客观或本体论意义上概念。然而，正如 Penco(1999) 指出的，除了客观或本体论意义上的语境外，还存在一种主观或认识论意义上的语境 (cognitive context)。事实上，语言表达式的内涵不但依赖于认知语境，即使是不同的客观语境也会使同样的语言表达式产生不同的含义，我们称这种内涵观为内涵语境主义。内涵语境主义是知识语境主义论题的自然推论。

按照内涵语境主义，内涵同一标准也不再是绝对的，而是相对的、局部的、多元化的。不同的语境可以具有不同的内涵同一标准。

本部分首先介绍了内涵逻辑的哲学动机、语形思想和语义思想，归纳总结了内涵逻辑面临的超内涵问题；其次综述了已有的超内涵逻辑，包括外延主义超内涵逻辑和内涵主义超内涵逻辑，指出了所有超内涵逻辑面临的共同问题，提出了解决该问题的内涵语境主义思想；然后在内涵语境主义思想的指导下，运用代数语义分别基于对语境的不同刻画，给出了两种不同的语境超内涵逻辑，证明了逻辑的可靠性和完全性，运用语境超内涵逻辑部分解决了“分析悖论”难题，提出了将语境处理为范畴的思想；最后以 IMA 语言为对象，给出了一种极小的内涵逻辑，并讨论了其若干扩充系统，证明了这些逻辑的可靠性与完全性，揭示了自然语言语义的共同特征，为自然语言的形式语义提供了更具一般性的框架。

---

① 参见 Suszko,1967；Cresswell,1975；Bealer,1979；Aczel,1980；Thomason,1980；Bealer, 1982; Parson,1982; Barwise,1983; Zalta,1983; Cresswell,1985; Turner,1987; Tichy,1988; Bealer, 2003；Moschovakis,2004；Fox,2005；Muskens,2007。

# 第 5 章

# 内涵逻辑

所谓“内涵逻辑”(intensional logic)，即用来处理内涵问题的逻辑，虽无统一定义，但有一些相近的解释：

(1)《大不列颠百科全书》(*Encyclopedia Britannica*) 的 intensional logic[①] 词条：内涵逻辑是 Montague 等在模态概念的基础上发展而成的一般理论，它研究命题、个体概念以及一般的，所有那些通常被当作是语言表达式意义的实体 (命题是语句的意义，个体概念是单称词项的意义，等等)。其中最关键的概念是可能世界，用来刻画语言表达式的意义。例如，命题通常被处理成可能世界到真值的函数，以此来刻画知道一个命题的意义就是知道其在何种条件下为真。

(2) Bealer 和 Monnich 在《哲学逻辑手册》(第二版)(*Handbook of Philosophical Logic*) “性质论” (Property Theories) 一章中的解释：“内涵逻辑就是

① http://search.eb.com/eb/article-36300。

在其中等价公式的替换原则失效的逻辑。”①

(3) Anderson 在《哲学逻辑手册》(第一版)“广义内涵逻辑”(General Intensional Logic) 一章中的解释：“内涵逻辑就是在某种严格意义上处理包含意义或意义同一的推理的逻辑。”②

其中，(1) 定义的是狭义内涵逻辑，主要是基于可能世界语义的模态逻辑及其变种；(2) 定义的实际上是超内涵逻辑 (hyperinensional logic，详见第 2 章)，不包括模态逻辑，因为等价公式的替换原则在模态逻辑中一般并不失效；(3) 定义的内涵逻辑比较宽泛，既包括模态逻辑，也包括超内涵逻辑。

可见，“内涵逻辑”一词有狭义和广义之分。本书在狭义和广义两种意义上使用“内涵逻辑”一词：早期主要基于可能世界语义的处理内涵的逻辑称为狭义内涵逻辑，又可称作经典内涵逻辑，不包括后来对经典内涵逻辑有重要超越的超内涵逻辑；广义内涵逻辑则包括一切处理内涵问题的逻辑。本章的内涵逻辑主要在狭义上使用。

## 5.1 内涵逻辑的哲学动机

我们通常把语言表达式所指称的东西称作外延，而把语言表达式除所指之外的意义内容称作内涵。一般而言，外延不能囊括语言表达式传达的所有信息。例如，“鲁迅”和“周树人”这两个表达式都指的是鲁迅这个人，它们具有相同的外延。如果语言表达式的意义仅由外延决定，那么“鲁迅是周树人”与“鲁迅是鲁迅”这两句话就没有意义上的区别。而事实上，前者可以传递给人们以有用的信息，而后者则近乎废话，它们具有不同的认知价值。这一事实使人们意识到，语言表达式的意义除了外延之外，还有其他内容，这部分多出的内容 Mill 称其为涵义 (connotation)，Frege 称其为含义 (sense)1，Carnap 称其为内涵 (intension)③，我们统称其为内涵。

---

① 参见 Bealer and Monnich, 2003, 144。

② 参见 Anderson,1984, 355。

③ 参见 Carnap, 1947。

同样的，对语句而言，也有外延与内涵之分。Frege 认为，语句的外延是真值，内涵是语句所表达的命题。经典逻辑只考虑词项的指称和语句的真值，因而可以称作外延逻辑。外延逻辑无法区分两个外延相同的表达式。特别的，在经典一阶谓词逻辑中，两个共指称 (co-designated) 的词项可以相互替换，两个真值相同的语句也可以相互置换。如果仅考虑纯外延语境下的推理，这样的处理并无不妥，如数学中的推理。然而，很多语境下的推理不但依赖于外延，而且依赖于内涵。例如，包含“必然”、“可能”等模态词的语句，包含“因为”、“所以”等因果关系词的语句，包含“相信”、“知道”、“寻找”、“思考”等意向性动词的语句，等等，其推理都不能仅仅由语言表达式的外延决定。这样的语境，Frege 称其为间接 (oblique) 语境，Quine 称其为晦暗 (opaque) 语境 ①，Carnap 称其为内涵 (intensional) 语境。我们统称其为内涵语境。

事实上，在自然语言中，依赖语言表达式内涵的推理远比仅依赖语言表达式外延的推理普遍得多，我们将这样的推理称作内涵推理。内涵推理的重要特征是，外延同一替换原则不再有效。然而，由于数学系统是纯外延的，而现代逻辑最初是为奠定数学基础服务的，再加上“奥卡姆剃刀”原则的影响，自现代逻辑诞生以来，外延主义一直是逻辑学的主流 (甚至直到今天也是如此)。所谓外延主义，按照 Carnap 的表述，即认为“对任一非外延系统，都存在一个外延系统使得前者能在后者中被翻译”。② 而外延系统的重要特征是外延同一替换原则总是有效，因此，为了在外延系统中解释自然语言中外延同一替换原则失效的现象，必须赋予语言表达式以新的外延，或者，采取归约的办法将内涵归约为某种外延进行处理，内涵逻辑由此诞生。③ 其开创者是 Church 和 Carnap，前者主要从语形的角度给出了内涵逻辑的形式语言和公理，刻画了内涵如何表达和运作；后者则给出了内涵逻辑的形式语义，

① 参见 Quine, 1960, 144。

② 参见 Carnap, 1947, 141。

③ 除了批判经典外延逻辑中对非逻辑词项的语义解释外，内涵逻辑产生的另一个动机是批判。经典逻辑中对逻辑词项的语义解释，如对实质蕴含的批判导致了后来的相干逻辑。

回答了内涵是什么的问题。后来经过 Montague、Gallin 等的重要发展，内涵逻辑在 20 世纪 70 年代发展成熟，并在自然语言的形式处理上获得广泛应用。①

## 5.2 内涵逻辑的语义思想

Carnap 的内涵语义思想受益于 Wittgenstein 的《逻辑哲学论》(*Tractatus*)。Wittgenstein 在《逻辑哲学论》中提出"事件状态"(state of affair) 概念。Wittgenstein 认为，世界由逻辑空间中的原子事实构成，② 不同的原子事实集构成不同的事件状态，其中一个是现实的事件状态。一个对象不但与现实的事件状态有关，还与可能的事件状态有关。知道一个对象就知道其在事件状态中的所有可能出现。③ 据此，Carnap 给出了状态描述 (state-description) 的概念。给定一个形式语言，一个状态描述就是一个原子句集 $P$：对任意原子句 $p$，要么 $p \in P$，要么 $\neg p \in P$。引入状态描述后，一个语句的真值不再是绝对的，而是相对于状态描述而定。语句的绝对真值是一个更强的概念，Carnap 称其为 L 真：一个语句是 L 真的，如果该语句在所有状态描述下皆真。④

不难发现，Carnap 的状态描述相当于我们今天所说的可能世界⑤，L 真相当于某种模态逻辑中的必然真。Carnap 的内涵语义可以看成是后来的可能世界语义⑥的雏形，所不同的是：

(1) Carnap 的状态描述是相对于语言给定的，而可能世界则是独立于语言的；

(2) Carnap 还没有引入可能世界之间的可达关系，这使得 Carnap 的语

① 参见 Partee and Hendriks ,1997。

② *Tractatus*(1.13)。

③ *Tractatus*(2.0123)。

④ 参见 Carnap, 1947。

⑤ Kripke 不像 Carnap 那样认为可能世界是完全的状态描述或命题的极大一致集，而是将其处理为初始对象 (Kripke, 1963)。

⑥ 也称 Kripke 语义。

义不能像可能世界语义那样刻画各种不同类型的必然真。

不过，就内涵的刻画而言，Carnap 的内涵语义与可能世界语义已经没有本质上的不同了，其核心思想是：

(1) 语言表达式的外延 (指称、所指) 依赖于场合 (状态描述、语境、可能世界) 而定；

(2) 不同的场合下，语言表达式可以有不同的外延。

正如 Gamut (1991) 指出的，语境 (context) 和多重指称 (multiple reference) 概念构成了内涵逻辑的基本思想。

在上述思想的基础上，Carnap 给出了内涵等价的概念。Carnap 认为，两个一元谓词 $P, Q$ 是内涵等价的，如果 $\forall x(Px \leftrightarrow Qx)$ 是 L 真的，即在每个状态描述下，$P$ 和 $Q$ 都有相同的外延。这意味着，一个谓词的内涵就是从状态描述 (可能世界) 到其外延的函数。这个刻画不仅适用于谓词，而且适用于所有类型的表达式。由此，Carnap 给出了他的第一个内涵同一标准：①

**(CI0)** 两个表达式的内涵相同，当且仅当它们在所有状态描述 (可能世界) 中都有相同的外延。

这样，“鲁迅” 和 “周树人” 就有不同的内涵，因为我们可以想象一个可能世界使得 “鲁迅” 和 “周树人” 分别指称不同的人。

不幸的是，Kripke(1972) 指出，专名应该是严格指示子 (rigid designator)，在不同的可能世界中都应指称同一对象，否则我们将不能有意义地谈论反事实命题。受 Kripke 专名理论的影响，后来的模态谓词逻辑对专名的语义有不同处理。Montague 在其内涵逻辑中有一种意义公设也假定所有专名在所有可能世界中均指称同一对象。如此一来，原来关于专名的内涵问题仍然被遗留下来。尽管如此，至少在技术上，可能世界语义为解决专名的内涵问题提供了一种可能。

在基于上述语义的内涵逻辑中，只有内涵同一的表达式才能相互替换，即模态逻辑中的等价替换原则。但由于内涵被刻画成可能世界到外延的函

① Carnap 后来又给出了一个更严格的内涵同一标准。

数，而函数本质上仍然是外延的，因此外延同一替换原则在某种意义下仍然得到了保持。

## 5.3 内涵逻辑的语形思想

早期的内涵逻辑主要是模态命题逻辑和模态谓词逻辑，所使用的语言只是在一阶命题或谓词语言的基础上加上一个 (或多个) 模态算子。谓词演算通过把自然语言表达成函数，使得我们可以用数学方法处理自然语言中的推理。然而，谓词语言主要只能表达自然语言中的名词和动词类型，对于不作谓语使用的形容词、副词等，只能通过近似的翻译将它们处理成谓词。例如，将“张三飞快地跑”处理成“张三跑且张三是飞快的”。这样的处理不仅需要太多的人工干预，而且也不自然，甚至违反自然语言的本意。例如，“a 是小象”不能处理成“a 是小的”和“a 是象”的合取。为了能更好地翻译自然语言，必须借助更加灵活的函数演算。

1940 年，Church 在 Russell 类型论的基础上发明了类型 $\lambda$ 演算。尽管 Church 发明类型 $\lambda$ 演算的初衷是为了给数学奠定基础，但后来人们发现，它在刻画自然语言方面，比谓词语言 (无论一阶还是高阶) 具有更强的表达力，因为它能以更灵活的方式处理函数，使函数本身也能作为更高阶函数的论元参与函数运算。这样，它就能够表达自然语言中各种类型的表达式。因此，Montague 为处理自然语言需要，在其内涵逻辑中直接继承了 Church 的类型 $\lambda$ 演算思想，并在 $\lambda$ 演算的基础上又加入了模态算子 $\Box$、$\Diamond$、内涵算子 $^\wedge$ 和外延算子 $^\vee$，最终形成一个能够比较自如地翻译自然语言片段，并能刻画部分内涵推理的形式语言。下面我们主要依据 Montague (1973) 的内涵逻辑介绍内涵逻辑的语形思想。①

**定义 5.1** 类型集 $T$ 是满足下列条件的最小集：

(1) $e, t \in T$；

(2) 若 $a, b \in T$，则 $\langle a, b\rangle \in T$；

① 参见 Gamut, 1991, 119, 120。

(3) 若 $a \in T$, 则 $\langle s,a\rangle \in T$。

在上述定义中, $e$ 是个体类型, $t$ 是真值类型, $\langle a,b\rangle$ 是通常的函数类型。$s$ 本身不是一个类型, 它的作用是和其他类型一起构成内涵类型。$\langle s,a\rangle$ 的解释是从可能世界集到类型 $a$ 的解释集的函数集。

**定义 5.2** 内涵逻辑的形式语言定义如下:

(1) 初始符号: $\wedge, \vee, \rightarrow, \neg, \leftrightarrow, \forall, \exists, =, \Box, \Diamond, {}^\wedge, {}^\vee, ), ($;

(2) 对任意类型 $a$, 都有一个由类型为 $a$ 的变元构成的无穷集 $Var_a$;

(3) 对任意类型 $a$, 都有一个由类型为 $a$ 的常元构成 (可能为空) 的集合 $Con_a$;

(4) 若 $\alpha \in Var_a$ 或 $\alpha \in Con_a$, 则 $\alpha \in ME_a$;

(5) 若 $\alpha \in ME_{\langle a,b\rangle}$, $\beta \in ME_a$, 则 $(\alpha(\beta)) \in ME_b$;

(6) 若 $\varphi, \psi \in ME_t$, 则 $\neg\varphi, (\varphi \wedge \psi), (\varphi \vee \psi), (\varphi \rightarrow \psi), (\varphi \leftrightarrow \psi) \in ME_t$;

(7) 若 $\varphi \in ME_t$, $x \in Var_a$, 则 $\forall x\varphi, \exists x\varphi \in ME_t$;

(8) 若 $\alpha, \beta \in ME_a$, 则 $(\alpha = \beta) \in ME_t$;

(9) 若 $\alpha \in ME_a$, $x \in Var_b$, 则 $\lambda x\alpha \in ME_{\langle b,a\rangle}$;

(10) 若 $\varphi \in ME_t$, 则 $\Box\varphi, \Diamond\varphi \in ME_t$;

(11) 若 $\alpha \in ME_a$, 则 ${}^\wedge\alpha \in ME_{\langle s,a\rangle}$;

(12) 若 $\alpha \in ME_{\langle s,a\rangle}$, 则 ${}^\vee\alpha \in ME_a$;

(13) 对每个类型 $a$, $ME_a$ 中的元素皆由 (4) ~ (12) 通过有穷步得到。

在上述定义中, 对任意类型 $a$, $ME_a$(meaningful expressions) 代表类型为 $a$ 的有意义的表达式构成的集合, 或者理解为类型为 $a$ 的合式公式构成的集合。在所有合式公式中, 与内涵有关的主要是 ${}^\wedge\alpha$ 和 ${}^\vee\alpha$。前者在任意可能世界下均解释为 $\alpha$ 的内涵, 即从可能世界集到 $\alpha$ 的外延集的函数, 后者在任意给定的可能世界下解释为 $\alpha$ 在该可能世界下的外延。可见, Montague 的内涵逻辑在内涵的处理上与 Carnap 的内涵语义是一致的。

Montague 的动机是为了构造一种形式语言用以翻译自然语言片断, 因而只是给出了其内涵逻辑的语言和语义, 并没有给出证明论。后来 Gallin 给出了 Montague 内涵逻辑的公理刻画, 并相对于 Henkin 模型证明了 Montague

内涵逻辑的可靠性和完全性。至此，狭义的内涵逻辑可以说已经发展到了顶峰。

## 5.4 内涵逻辑与超内涵问题

经典内涵逻辑在计算机科学和语言学领域得到成功应用，但自其诞生以来就备受争议。姑且不论 Quine 等从哲学上对内涵实体的发难，单从逻辑应用的角度看，经典内涵逻辑也存在一些重要的问题亟待解决。

首先引起人们重视的是模态认知逻辑中的“逻辑全知”(logical omniscience) 问题。所谓“逻辑全知”，即认知主体若知道 (或相信) 一个命题集，那么他就知道 (或相信) 该命题集的所有逻辑后承。特别的，认知主体知道所有逻辑有效的命题。在经典认知逻辑系统中，以 KD45 为例，逻辑全知包括如下一些结果 (Meyer and van Der Hoek, 1995)：

(LO1) $B\varphi \wedge B(\varphi \rightarrow \psi) \rightarrow B\psi$；

(LO2) $\vDash \varphi \Longrightarrow \vDash B\varphi$；

(LO3) $\vDash \varphi \rightarrow \psi \Longrightarrow \vDash B\varphi \rightarrow B\psi$；

(LO4) $\vDash \varphi \leftrightarrow \psi \Longrightarrow \vDash B\varphi \leftrightarrow B\psi$；

(LO5) $(B\varphi \wedge B\psi) \rightarrow B(\varphi \wedge \psi)$；

(LO6) $B\varphi \rightarrow B(\varphi \wedge \psi)$；

(LO7) $B\varphi \rightarrow \neg B \neg \varphi$；

(LO8) $B(B\varphi \rightarrow \varphi)$；

(LO9) $B\top$。

这些结果因过于理想化而不符合人类认知的实际。Hintikka 在创立认知逻辑的时候就意识到了这个问题，并尝试进行了解决，但不太成功。

“逻辑全知”只是内涵逻辑最早暴露的问题之一。Bealer(1982) 指出，一个成功的内涵逻辑应该解决如下问题，这些问题大多也是经典内涵逻辑无法解决的，它们包括：①

① 以下对 Bealer 的问题清单进行了重述，并给出了一般形式。有些问题是从纯哲学的方面提出的，我们把它们转化成逻辑问题来表述，而不涉及更具争议性的哲学讨论。

1) 内涵语境中共外延表达式的替换失效

一般形式：

$$\frac{\begin{array}{c} e(t) \\ t = t' \end{array}}{e(t/t')}$$

其中，$t = t'$ 表示表达式 $t$ 和 $t'$ 在现实世界中有相同外延，$e(t/t')$ 表示用 $t'$ 替换 $e(t)$ 中的 $t$ 后得到的表达式。

**例 5.1**

X 相信所有有心的动物都有心。
对任何 $x$，$x$ 有心当且仅当 $x$ 有肾。

---

X 相信所有有心的动物都有肾。

**例 5.2**

X 想知道曹雪芹是不是《红楼梦》的作者。
《红楼梦》的作者是曹雪芹。

---

X 想知道曹雪芹是不是曹雪芹。

**例 5.3**

X 怀疑鲁迅就是周树人。
周树人就是鲁迅。

---

X 怀疑鲁迅是鲁迅。

上述一般形式的推理在经典外延逻辑中是有效的，但在直观上却存在反例 (例 5.1~ 例 5.3)。为了解决这个问题，内涵逻辑通过允许表达式在不同可能世界有不同外延，并且提高同一替换标准 (只有在所有可能世界中外延同一才能替换) 使得例 5.1 和例 5.2 中的推理变得无效。但如前所述，它对于专名 (例 5.3) 的处理仍然存在一定难度。

2) 内涵语境中必然等价表达式的替换失效

一般形式：

$$\frac{\begin{array}{c}e(t)\\ \Box(t=t')\end{array}}{e(t/t')}$$

其中，$\Box(t=t')$ 表示 $t=t'$ 是必然真的。

**例 5.4**

$$\frac{\begin{array}{l}\text{X 想知道有没有一个三边形不是三角形。}\\ \text{必然的，有且只有三边形是三角形。}\end{array}}{\text{X 想知道有没有一个三角形不是三角形。}}$$

**例 5.5**

$$\frac{\begin{array}{l}\text{X 相信 } 2+2=4\text{。}\\ \text{必然的，“}2+2=4\text{” 等价于 “}\mathrm{e}^{\mathrm{i}\pi}+1=0\text{”。}\end{array}}{\text{X 相信 “}\mathrm{e}^{\mathrm{i}\pi}+1=0\text{”。}}$$

如果认为必然真就是在所有可能世界中都真，那么问题 (2) 可以看成是问题 (1) 的一种特殊情况。上述一般形式的推理在经典外延逻辑和经典内涵逻辑中都是有效的，但直观上却存在反例 (例 5.4 和例 5.5)。若坚持专名的严格指称论，那么前面的例 5.3 也可以看成是这里的一个反例。例 5.5 实际上是逻辑全知的表现之一。内涵语境中必然等价表达式的替换失效是经典内涵逻辑的核心问题，又称作超内涵问题 (详后)。

3) 分析悖论 (paradox of analysis)

一般形式：

$$\frac{\begin{array}{c}e(t)\\ A(t=t')\end{array}}{e(t/t')}$$

其中，$A(t=t')$ 表示 $t=t'$ 是分析真的。例如，$t$与$t'$同义，或者$t$由$t'$ 定义。

**例 5.6** ①

X 相信任何一个单身汉都是一个单身汉。
单身汉就是未婚男子。
———————————————
X 相信任何一个单身汉都是一个未婚男子。

**例 5.7**

X 知道任何一个圆都是一个圆。
圆就是在同一平面到某个定点具有定长的点的轨迹。
———————————————
X 知道任何一个圆都是在同一平面到某个定点具有定长的点的轨迹。

如果认为分析真的命题都是必然真的②，那么问题 (3) 也可以看成是问题 (2) 的一种特殊情况。上述一般形式的推理在经典外延逻辑和经典内涵逻辑中都是有效的，但直观上却存在反例 (例 5.6 和例 5.7 ③)。这个问题甚至连后来的超内涵逻辑也难以解决。

4) Mates 困惑 (Mates' Puzzle) ④

一般形式：

$$\frac{\begin{array}{c} e(t) \\ S(t=t') \end{array}}{e(t/t')}$$

① 由于 G. E. Moore 的原例中出现的英文单词在汉语里并无对应，因此这里对原例作了改造。Moore 认为，哲学的任务不是辩护或反驳常识命题，而是对它们进行哲学分析 (主要是概念分析)，而分析的结果应该是分析真的。分析真的命题只依赖于人们对语言意义的理解，因此分析真的命题就是任何常人都已经具备的知识。既然如此，哲学分析还有何用处呢？它如何能向人们提供有价值的信息呢？这就是所谓的 "分析悖论"，参见 Dummett,1996。我们这里只关注该悖论的逻辑形式，并假定在通常意义上使用 "分析" 一词。

② 当然，由于哲学家们至今仍对分析、必然等概念存在争议，这一观点并不是所有人都赞同的。例如，Kaplan 认为，"我现在在这儿" 是分析真的，但不是必然真的；而 Quine 干脆认为没有分析真这么回事。不过，多数情况下分析真的命题被认为是必然真的。

③ 有人或许不认为例 5.6 是反例，因为该推理中的结论不可能为假。但 Quine 指出，我们仍然可以想象出一些场景，使得 "结婚" 对于某些语言使用者具有不同的含义，进而使得 "所有人相信单身汉就是未婚男子" 变成假命题。参见 Morton, 2003, 47, 48。

④ 参见 Mates, 1952。

其中，$S(t=t')$ 表示 $t=t'$ 是同义的表达式。

**例 5.8** ①

$$\frac{\text{X 知道 12 个是 12 个。} \quad \text{一打就是 12 个。}}{\text{X 知道一打就是 12 个。}}$$

**例 5.9**

$$\frac{\text{语句 } S \text{ 与语句 } S' \text{ 同义。} \quad \text{没有人怀疑任何相信 } S \text{ 的人都相信 } S\text{。}}{\text{没有人怀疑任何相信 } S \text{ 的人都相信 } S'\text{。}}$$

上述一般形式的推理在经典外延逻辑和经典内涵逻辑中是有效的，但却存在反例 (例 5.8、例 5.9)②。Mates 困惑实际上是分析悖论的一种特殊情况③，是内涵逻辑最难解决的问题之一。

5) 量入问题 (quantifying-in)

一般形式：

$$\frac{e(t)}{\exists x.e(x)}$$

**例 5.10**

$$\frac{\text{不存在飞马这样的东西。}}{\text{存在某个东西 } x \text{ 使得不存在 } x \text{ 这样的东西。}}$$

---

① 由于 Mates 的原例中出现的同义英文单词在汉语中没有对应的词，这里把原例改造了。Mates 的最初动机是为了反对 Carnap 的内涵同构思想，认为内涵同构不能作为同义标准。Mates 提出，一个恰当的 (adequate) 对同义的定义应该满足，语言 L 中的两个表达式是同义的，当且仅当它们在 L 中的任何语句中相互替换后仍然保持语句的真值不变。Mates 发现，这个十分合理的要求竟然无法实现。这就是 Mates 的困惑所在。这里我们只关注该困惑的逻辑形式，并假定在通常意义上使用“同义”一词。

② 即使人们理解两个同义的表达式也可以不知道它们是同义的，更多辩护可参见 Rieber, 1992。

③ 分析悖论中出现的同义表达式一般要求分析项比被分析项的表达式更长，而 Mates 困惑中出现的两个同义表达式一般要求具有相同长度和结构，但我认为这不是实质性的。

**例 5.11**

$$\frac{\text{X 知道鲁迅是《阿 Q 正传》的作者。}}{\text{存在某个人 } x \text{ 使得 X 知道 } x \text{ 是《阿 Q 正传》的作者。}}$$

**例 5.12**

$$\frac{\text{X 相信 Y 相信一些东西。}}{\text{存在某个人 } x \text{ 使得 X 相信 } x \text{ 相信一些东西。}}$$

上述一般形式的推理在经典外延逻辑中是有效规则，但却存在反例 (例 5.10)。Quine 甚至认为，凡是对外延同一替换失效的位置进行量入都是无意义的。但并非所有的量入都是无意义的，相反，像例 5.11、例 5.12 这样的量入是完全有效的。Bealer 认为，一个理想的逻辑理论应该能表达所有有效的量入 (当然，亦要避免无效的量入)。特别的，对于嵌套内涵语境也应能量入 (例 5.12)。

6) *内涵语境中索引词的反常现象*

一般形式：

$$\begin{array}{c} e(t) \\ i = i' \\ \hline e(i/i') \end{array}$$

其中，$i = i'$ 表示索引词 $i$ 和 $i'$ 指称同一对象。

**例 5.13**

$$\begin{array}{l} \text{X 相信这个是这个。} \\ \text{这个就是那个。} \\ \hline \text{X 相信这个就是那个。} \end{array}$$

上述一般形式的推理在经典外延逻辑和经典内涵逻辑中都是有效的，但却存在反例 (例 5.13)。一般认为，索引词除了指称对象外没有描述内容，这样，两个索引词若指称同一对象则有相同的意义。因此，问题 (6) 也可以看成是 Mates 困惑的一个特例。

7) Geach 困惑①

Geach 设想了这样一个场景：某人去一个村庄，发现村人谣传说村里出了个巫婆，他于是根据他的所见所闻作了如下报道：

**例 5.14** 张三认为这个巫婆偷吃了他的鸡，而李四想知道这个巫婆是不是杀了他的牛。

Geach 困惑的是，假如这个报道是真的，那么它在什么意义上是真的。因为该报道意味着张三和李四是在说同一个巫婆，但是这个巫婆却并不存在，它只是张三和李四头脑中的意向。我们究竟在什么意义上谈论这种意向上的同一 (intentional identity)？Geach 困惑进一步凸显了外延语义的困难，它也可以看成是更一般的非存在难题的子问题之一。

8) 悖论问题

内涵逻辑由于其语言的丰富性而允许高阶量化，而不加限制的高阶量化很容易引发逻辑悖论。悖论问题常常是内涵逻辑的阿喀琉斯之踵。

9) Frege 困惑

Frege 困惑称为“晨星 - 暮星”问题，是内涵问题的最早来源。Frege 的困惑是：如果 $a = b$ 是真的，那么它与 $a = a$ 在意义或认知价值 (cognitive value) 上有何不同？比如“晨星 = 暮星”与“晨星 = 晨星”有何不同？一个连带的问题是：为何共指称的专名在命题态度句中不能相互替换而保持语句的真值？即出现所谓的替换失效。这个问题实际上是问题 1) 的特例：将 Frege 困惑中的专名扩展到一般表达式就变成了问题 1)。

从上述问题可以看出，除了 5)、7)、8) 外，其他问题都与内涵语境中的同一替换失效有关。这个“同一”一开始是外延同一，经典内涵逻辑基本上可以处理这种问题 (除了专名有困难外)。但是当出现必然同一 (或逻辑等价) 的情况时，经典内涵逻辑就无能为力了。这就引出了所谓的“超内涵问题”。

“超内涵” (hyperintensional) 这个词最早由 M. J. Cresswell 于 1975 年提出。他认为，存在一种超内涵语境，即不但外延同一替换失效，而且逻辑等

① 参见Geach, 1967。

价 (在可能世界语义下即必然同一) 替换也失效。①考虑如下命题:

(1) 祖冲之相信 $2+2=4$。

(2) 祖冲之相信 $e^{i\pi}+1=0$。

尽管 $2+2=4$ 与 $e^{i\pi}+1=0$ 逻辑等价, 我们仍然可以有 (1) 真而 (2) 假。超内涵问题之所以产生是因为我们同时坚持如下意义原则:

**(a) 弗雷格原则**(组合原则) 复合表达式的意义是其部分之意义的函数。

**(b) 最确定原则**(弱真值 - 意义原则) 对任意语句 $\alpha$ 和 $\beta$, 如果 $\alpha$ 和 $\beta$ 有不同的真值, 那么 $\alpha$ 和 $\beta$ 一定具有不同的意义。

**(c) 强真值 - 意义原则** 对任意语句 $\alpha$ 和 $\beta$, 如果 $\alpha$ 和 $\beta$ 在所有条件下都有相同真值, 那么 $\alpha$ 和 $\beta$ 具有相同的意义。

由于 (1) 真而 (2) 假, 因此根据 (b), (1) 与 (2) 必定具有不同的意义, 再根据 (a), 可以确定 $2+2=4$ 与 $e^{i\pi}+1=0$ 具有不同的意义, 而这与 (c) 构成矛盾!

在经典内涵逻辑的视角下, 超内涵问题通常被表述成一个单纯的逻辑问题:“即那些在可能世界语义下内涵相同的表达式 (这些表达式通常在命题态度语境和引号语境之外能够相互替换而保持句子真值) 为何通常在命题态度句中不能相互替换?” (Richard , 1997) “更确切地说, 为何在模态算子内有效的变换在态度动词 (attitude verbs) 内无效?” (Richard, 1997) 因此, 超内涵问题也被看成是命题态度句问题的一个子问题。在上述 9 个问题中, 问题 2) 可以看成是超内涵问题的一般形式。

需要强调的是, 尽管超内涵问题经常在命题态度语境中出现, 但并不局限于命题态度语境。凡是涉及内涵推理的地方都有可能出现超内涵问题。例如, Partee(1974) 发现, 像“寻找”这样的普通动词也具有内涵性:

---

① 参见 Cresswell, 1975, 25。

**例 5.15**

张三在寻找晨星。
晨星就是暮星。
———————
张三在寻找暮星。

这个推理在直观上是无效的。如果认为专名在所有可能世界中指称同一对象，那么这个无效的推理也构成经典内涵逻辑的一个反例，即出现超内涵问题，而这里并未出现命题态度句。又如，Nute (1980) 发现，条件句中也存在超内涵问题：

**例 5.16** 考虑如下电路图及关于它的陈述：

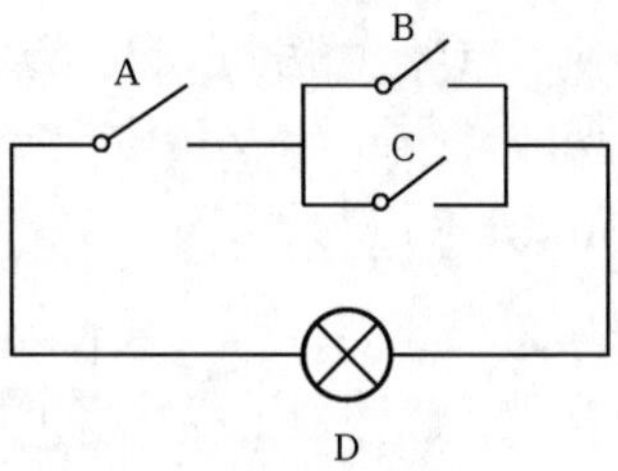


(1) 若把 A 合上，或把 B, C 都合上，则 D 不会亮。

(2) 若把 A 或 B 合上，并把 A 或 C 合上，则 D 不会亮。

如果用 $p, q, r$ 分别表示“A 合上”、“B 合上”和“C 合上”，用 $s$ 表示“D 亮”，则上面两个陈述可以形式化如下：

(1) (1′) $p \vee (q \wedge r) > \neg s$；

(2) (2′) $(p \vee q) \wedge (p \vee r) > \neg s$。

在经典条件句逻辑[①]中，由 $\vdash (p \vee (q \vee r)) \leftrightarrow ((p \vee q) \wedge (p \vee r))$ 及前件等价置换规则可得 $\vdash (1') \leftrightarrow (2')$。然而，直观上，人们会认为 (1) 真而 (2) 可真可假。

超内涵问题甚至还会在通常的外延语境中出现，例如：

**例 5.17** 考虑如下两个语句：

(A) 张三看见李四进来。

① 满足逻辑等价的公式可以在任何公式中相互替换的条件句逻辑称为经典条件句逻辑，是经典内涵逻辑的一种。参见 Nute, 1980, 30。

(B) 张三看见李四进来和 (王五笑或王五没笑)。

人们通常认为“张三看见 ……”是纯外延语境,“李四进来”与“李四进来和 (王五笑或王五没笑)”逻辑等价, 但是在该语境中, 这个两个逻辑等价的表达式却不能相互替换, 因为 (B) 意味着张三无论如何看见王五了, 而 (A) 却并无此义, 因此 (A) 和 (B) 可以有不同真值。Barwise 和 Perry (1981) 称这种逻辑等价式不能在其中相互替换的外延语境为相关 (concerned) 语境, 反之称为无关 (unconcerned) 语境。

由上面的例子可见, 超内涵问题并不只局限于命题态度语境, 而是广泛存在于各种自然语言的直观推理与经典内涵逻辑的矛盾之中。只不过在命题态度语境中, 超内涵问题暴露得更加明显罢了 (最早暴露的逻辑全知问题即与命题态度有关)。

超内涵问题可以有多种解决方案, 对 (a), (b), (c) 的不同取舍构成不同的解决方案, 甚至也可以否认 (1) 和 (2) 具有不同真值。超内涵逻辑是其中最直观和最易接受的一种解决思路, 即否认 (c) 的合理性, 而 (c) 正是经典内涵逻辑所坚持的。因此, 超内涵逻辑所要超越的主要是经典内涵逻辑对内涵 (或意义) 的刻画。它关心的核心的问题是: 在什么条件下两个表达式具有相同的内涵 (或意义)? 对这个问题的不同回答就产生了不同的超内涵逻辑。

# 第 6 章

# 超内涵逻辑

虽然超内涵这个词直到 1975 年才被正式提出，但早在 Carnap、Church 等开创内涵逻辑的时候，他们就发现了超内涵问题。此后，对这个问题的解决方案层出不穷，出现了一系列直接或间接解决超内涵问题的论文和专著，至 20 世纪 80 年代达到高潮。2000 年以来，随着 C. Fox、C. Pollard、S. Lappin 和 F. Orilia 等计算语言学家的提倡和发展，超内涵逻辑又成为热点 (Bealer and Monnich, 2003; Moschovakis, 2004; Fox and Lappin, 2005; Muskens , 2007)。

后期及当前的研究主要是处理内涵引入后的悖论问题，以及如何在已有的逻辑系统中添加更灵活的类型以刻画自然语言中的指代、省略等现象。就内涵的语义刻画而言，当前的研究相比20世纪80年代并无实质性突破。

据初步统计，目前解决超内涵问题的方案已有十几种之多。① 根据对内涵刻画方法的不同，这些方案大致可以分为两大类：外延主义超内涵逻辑和内涵主义超内涵逻辑。

① 参见 Pollard, 2004; Fox and Lappin, 2005。

## 6.1 外延主义超内涵逻辑

所谓外延主义超内涵逻辑，即通过外延来刻画内涵，或将内涵归约为外延进行处理的超内涵逻辑。它延续了经典内涵逻辑刻画内涵的策略，区别在于，除了可能世界外，超内涵语义还引入了更多的外延来刻画内涵，以达到对内涵更精细 (fine-grained) 的区分。根据引入外延的不同，这种策略上又分为两个主要方向：①非经典世界语义；②结构式语义。

### 6.1.1 非经典世界语义①

非经典世界语义包括不可能世界语义和情境 (部分世界) 语义等，是对经典可能世界语义的修正，它通过构造更精致的可能世界模型来区分内涵。

**1. 不可能世界语义②**

1) 基本思想

不可能世界语义最初是用来解决逻辑全知问题的。其基本思想是，在所有可能世界中，有一些可能世界在逻辑上是不可能的 (相对于这些世界的语句的真值是任意的，即经典的逻辑规律在其上不成立)，但认知主体却认为它们是可能的。认知主体在某个可能世界 $w$ 上知道 (或相信) 一个语句 $A$，当且仅当 $A$ 在 $w$ 的所有 (关于该主体的) 通达世界 (包括不可能世界) 上都真。这样，所有的逻辑全知结果都能避免。例如，$K(p \vee \neg p)$ 不再是有效式 (即必然化规则不成立)，因为 $p \vee \neg p$ 可以在某个不可能世界中为假。

2) 内涵刻画

**(CI1)** 两个表达式的内涵相同，当且仅当它们在所有可能世界 (包括不可能世界) 中都有相同的外延。

这样，即使两个公式是逻辑等价的 (在所有逻辑可能的可能世界中有相同真值)，但由于它们在不可能世界中可以有不同的真值，因此它们的内涵也不必相同。

---

①狭义的非经典世界语义即不可能世界语义，我们在广义上使用非经典世界语义一词，它包括所有基于可能世界语义的修正语义。

② 参见 Hintikka, 1975; Rantala, 1982。

3) 问题

第一，不可能世界方案的特设性 (adhoc) 过于明显；

第二，除非对不可能世界加以某种限制，否则得不到有意义的认知结论，而这种限制在很大程度上又不得不是特设性的；

第三，无法刻画某个认知主体知道两个命题逻辑等价但仍然认为二者有不同意义。

**2. 情境语义**①

1) 基本思想

对可能世界进行细分，一个可能世界由若干情境 (situation) 构成。命题被看成是情境与其语句内容 (信息) 的支持关系，同样的语句内容可以被同一世界中的不同情境所支持，因而相对于可能世界不可辨的命题相对于情境仍然可辨，从而比可能世界能更细致地刻画内涵。

2) 内涵刻画

**(CI2)** 两个语句的内涵相同，当且仅当它们被相同的情境集支持。

3) 问题

第一，理论过于烦琐，引入概念过多，缺少简单性；

第二，如果两个语句被同样的情境集支持，那么它们的内涵就相同，这样的内涵刻画仍然不够精细。

除非引入类似于不可能世界的不可能情境，否则逻辑等价的命题仍然不能被有效区分。

**3. 抽象对象理论**②

1) 基本思想

抽象对象理论不直接引入不可能世界，而是通过引入抽象对象 (即现实世界中不存在的对象) 来刻画不可能世界；用编码 (encode) 概念来加强性质

① 参见 Barwise , 1983, 1990; Seligman and Moss, 1997。

② 参见 Zalta, 1983,1988,1997。

同一的条件，性质的同一不但需要被同样的对象例化 (exemplify)，而且需要被同样的对象编码。

2) 内涵刻画

**(CI3)** 两个性质同一，当且仅当它们必然且总是被同样的 (抽象) 对象编码。

3) 问题

第一，由于在 Zalta 的系统中抽象对象的同一是由编码同样的性质来定义的，而性质的同一又是由被同样的抽象对象编码来定义的，因而存在着循环定义的问题 (Greiman, 2003)；

第二，部分地由于第一点，对内涵刻画有重要意义的编码概念并不清楚；

第三，抽象对象理论只给出了公理刻画，缺少相应的语义理论。

### 6.1.2 结构式语义

结构式语义的思想最早可追溯到罗素。其基本思想是：从表达式的语形特征入手，将表达式的语形结构纳入语义解释。例如，通过引入结构式命题 (由内涵构成的与语句同形的结构或有序组) 来区分内涵。这是一种比较自然的想法，因为表达式的语形差异的确是造成其语义区别的重要来源。

**1. 内涵同构**[①]

1) 基本思想

在经典内涵语义中，语句的内涵由其在不同可能世界的真值确定，而真值是整个语句的性质，只要最后真值相同，语句的具体构造与其内涵没有关系，这与我们的直觉不符。Carnap 在处理命题态度句时认为，语句的内涵不仅与其整体真值有关，而且还与句子的组成结构有关。这样，两个语句即使在所有可能世界中都有同样的真值，但只要其结构不同，它们的内涵仍然可以不同。由此，Carnap 引入了一个更严格的内涵同一标准。[②]

---

① 参见 Carnap, 1947; Lewis, 1970; Cresswell, 1985。

② Carnap 只在一阶语言里考虑问题，后来 Cresswell 把内涵同构思想拓展到高阶类型语言。

2) 内涵刻画

**(CI4)** 两个表达式的内涵相同，当且仅当它们内涵同构 (intensional isomorphism)。

大致而言，两个表达式内涵同构当且仅当它们由内涵 (经典内涵逻辑意义上的内涵) 相同的表达式通过同样的方式构造而成。

3) 问题

由于核心的内涵同一性仍然是由逻辑等价刻画的，因此仍然有内涵同构而意义不同的情况，如 Church 举的反例：令 $P(n)$ 表示 "$n$ 为小于 3 的正整数"，$Q(n)$ 表示 "存在正整数 $x, y, z$ 使得 $x^n + y^n = z^n$ 成立"，则 $\forall n(P(n) \leftrightarrow Q(n))$，从而 $\exists n(Q(n) \wedge \neg P(n))$ 与 $\exists n(P(n) \wedge \neg P(n))$ 内涵同构，而一个人可以相信前者却不相信后者。当然，认为 $P(n)$ 与 $Q(n)$ 还可以继续分为更细的结构可以使得 Church 的反例无效，但如何确定结构中的部分以及选择何种层次的结构分解仍然是一个问题。

**2. 相干逻辑** ①

1) 基本思想

相干逻辑最初是为了避免蕴含悖论 (包括严格蕴含悖论)② 而发展起来的。其基本思想是：$A \rightarrow B$ 只有在 $A$ 和 $B$ 包含共同的命题变元时才有效，以使得蕴含式只有在前件与后件之间具有相关性时才能为真。这样就从语形的角度对逻辑等价提出了更高的要求。因而经典的逻辑等价公式由于在语形上的区别可以在相干逻辑中得到区分。后来 Vanderveken 等在相干逻辑的思想基础上发展了超内涵逻辑 (Nowak and Vanderveken, 1995; Vanderveken, 2005b,a)。

2) 内涵刻画

**(CI5)** 两个语句的内涵相同，当且仅当它们相互相干蕴含。

① 参见 Urquhart, 1972; Fuhrmann, 1990。

② 如：$p \rightarrow (q \rightarrow p)$，$(p \rightarrow q) \vee (q \rightarrow r)$，$(p \wedge \neg p) \rightarrow q$，$p \rightarrow (q \vee \neg q)$ 等。

3) 问题

第一，相干逻辑对逻辑等价的区分仍然不够精细，在相干蕴含下逻辑等价命题仍然可以有不同内涵；

第二，相干逻辑缺少恰当的语义，后来在可能世界语义的基础上通过引入三元可达关系来解释相干蕴含，但除非引入不一致世界，否则仍然无法避免蕴含悖论。

## 6.2 内涵主义超内涵逻辑

与外延主义策略不同，内涵主义策略认为，无论怎样利用外延对内涵进行模拟或归约，都不能获得足够精细的内涵刻画，因此唯一的办法是把内涵假定为初始实体，不归约为任何外延。在技术上它通常采用类型论和代数模型来分别刻画语形和语义，并分为高阶和一阶两个方向。

### 6.2.1 高阶内涵主义

高阶内涵主义把内涵看作一个层级系统，为避免语义悖论，对内涵的量化具有层级限制，在技术上采用高阶类型逻辑进行处理。

**1. Church 的内涵逻辑** ①

1) 基本思想

Church 是内涵主义的开创者，他认为，为了分析像“我在寻找独角兽”，“他应得到一座永久的纪念碑”这样的语句，假定内涵实体是必要的。Church 把 Frege 的含义看成是实在的。在 Frege 那里，含义是表达式的含义，与语言联系在一起。Church 则引进概念，试图把含义与语言分离开。一个个体的名字的含义就是这个个体的概念。任何能够成为 $x$ 的名字的含义的东西都叫做 $x$ 的概念。这样，概念就变成了实体之间的关系。Church (1951) 最初是想在对象语言中把 Carnap 关于内涵同一的思想用完整的逻辑系统表达出来 (当然 Church 不满于此，详后)。

① 参见 Church, 1951, 1954, 1973, 1974。

Church 在他的类型 $\lambda$ 演算的基础上发展内涵逻辑。除了通常的外延类型, Church 加入了内涵类型。基本内涵类型符: $\iota_1, \iota_2, \cdots$; $o_1, o_2, \cdots$, 解释为: 个体概念, 个体概念的概念, ……; 命题, 命题的概念 (或命题概念), 命题概念的概念, ……。个体概念就是个体名字的含义, 个体概念的概念就是个体名字的含义的名字的含义, 依此类推。

引进分层的内涵类型的直接动机在于, 由于把个体 (或真值) 名字的含义看作实体, 因此我们可以像谈论个体 (或真值) 一样谈论这些含义, 这样含义也会有名字, 而这个名字应该也具有含义, 这个含义就是概念的概念, 从而导致概念的阶不断上升。更深刻的动机源于 Frege 的间接指称观点。Frege 认为在信念语境等间接语境中, 名字或语句的所指不再是个体或真值, 而是其含义, 于是在 I believe that $p$ 中, $p$ 在 I believe that 这个语境下指的就不再是真值, 而是 $p$ 的含义, 即 $p$ 表达的命题。这样, 在 He believe that I believe that $p$ 中, that $p$ 作为 $p$ 的命题的名字在 He believe that 这个新语境下指 that $p$ 的含义, 即 $p$ 的命题的名字的含义, 即命题的概念, 依此类推。

另一个重要的观点是: Church 认为函数的概念可以归约为概念的函数。例如, 直观上如果有 $(\alpha\beta)_1$ 这样的类型, 那么它应该是如下这些函数的概念, 这些函数是从类型 $\beta$ 到类型 $\alpha$ 的函数。但这样一来又会增加无穷多的新初始类型。Church 认为函数的概念还是函数, 只不过是由个体的函数变成了概念的函数。给定类型 $\alpha_1, \beta_1$, 则有类型 $\alpha_1\beta_1$, 它由从类型 $\beta_1$ 到类型 $\alpha_1$ 的全体函数构成。现在假定有两个名字 "F" 和 "B" 分别是对 $\alpha\beta$ 类型和 $\beta$ 类型中的某个实体的命名, 并且分别具有含义 $\mu$ 和 $\nu$。在某个固定的语言里, "FB" 可以是合式公式, 并指称名为 "F" 的函数作用在名为 "B" 的论元上的函数值。这个值是类型 $\alpha$ 中的某个实体 $a$, 名字 "FB" 的含义就是实体 $a$ 的概念。这样, 对应于任何一个类型为 $(\alpha\beta)_1$ 的函数的概念, 存在一个从概念到概念的函数, 即从类型 $\beta_1$ 到 $\alpha_1$ 的函数, 并且我们可以假定这个函数就是函数概念 $\mu$。这样, 一个函数的概念, 就变成从其论元的概念到其函数值的概念的函数。由此引进刻画函数的概念: 设 $\varphi$ 和 $\varphi'$ 分别为类型 $\alpha\beta$ 和类型 $\alpha_1\beta_1$ 的函数, 称 $\varphi'$ 刻画了 $\varphi$, 当且仅当下面的条件满足:

函数 $\varphi$ 对论元 $\xi$ 的值为 $\eta \Leftrightarrow$ 函数 $\varphi'$ 作用在任何 $\xi$ 的概念上的值总是 $\eta$ 的一个概念

Church 的意图是用一个函数的刻画函数来作为该函数的概念。为此他引入以下两个假设：

**假设 1：每个函数的概念就是由这个函数的概念决定的刻画函数。**

**假设 2：每个函数的刻画函数都是这个函数的一个概念。**

根据上述思想, Church 构造了一个基本公理系统, 并根据不同的内涵同一标准进行了三种扩充 (Alternative(0), Alternative(1) 和 Alternative(2))。

2) 内涵刻画

**(CI6)** Alternative(0) 两个表达式内涵相同，当且仅当它们同义同构 (synonymous isomorphism)。

**(CI7)** Alternative(1) 两个表达式内涵相同，当且仅当它们之间可以进行转换。

**(CI0)** Alternative(2) 两个表达式内涵相同，当且仅当它们逻辑等价。①

(CI6)是 Church 本人最重视的一个标准，也是对内涵刻画最细、试图超越经典内涵逻辑对内涵进行刻画的一条途径。可惜 Church 本人没有完成这项工作，只是给出了大致思路：即把 Carnap(1947) 中的内涵同构概念替换成同义同构。后来的 Church(1974) 尝试性地给出了 Alternative(0) 的特征公理。所谓同义同构就是，首先规定语言中的一些初始符号是同义的 (这些同义的初始符号既可以是同类的，如都是个体常项符，或都是谓词符；也可以是不同类的，如谓词符可以与抽象符同义，个体常项符可以与摹状词符同义)，然后规定一个表达式中的一部分被其同义的表达式替换后所得到的表达式仍然与原来的表达式同义。

3) 问题

Church 发展的几种的内涵逻辑都不太成功。在 Alternative(0) 中，由于内

① Alternative(2) 的内涵同一标准实际上就是 Carnap 的经典内涵同一标准，故我们仍用 (CI0) 标记。

涵同一标准过于严格，造成命题数目过多，从而违反康托定理，出现 Russell-Myhill 悖论。尽管 Church 试图在后来的修正版中借用分支类型论的办法来消除 Alternative(0) 中的悖论，但 Anderson(1980) 指出 Church 的努力仍然不成功，如果不放弃某些公理，悖论仍然无法消除，这意味着必须放弃 Church 关于概念函数的核心思想。Myhill(1958) 指出，Alternative(1) 同样存在悖论问题。Alternative (2) 虽然没有悖论问题，但由于内涵同一标准过粗，已经无法实现 Church 最初想解决命题态度句等超内涵问题的目标了。另外，Church 只给出了公理系统，没有给出相应的模型论。

**2. Thomason 的内涵模型论** ①

1) 基本动机

Thomason 在 Montague 的个体和真值类型基础上引进了命题类型，采用了抽象力更强的代数方法，构造了一个代数语义模型，提供了一个可以容纳多种语义的框架，其中命题被看作初始的，从而可以构造细粒度的内涵。

2) 内涵刻画

引入了内涵同一和外延同一算子，但并未对二者之间的关系作出规定，因此它只是提供了一个可以刻画细粒度内涵的框架，但并未对其进行具体刻画。

3) 问题

第一，未能具体提供刻画细粒度内涵的方法；

第二，缺少证明论。

### 6.2.2 一阶内涵主义

一阶内涵主义不对内涵进行分层处理，允许对所有内涵进行量化，采用无类型或多态类型的一阶逻辑来处理内涵。

---

① 参见 Thomason, 1980。

**1. Suszko 的非弗雷格 (non-Fregean) 逻辑**[①]

Suszko 构造了一种内涵作为初始对象的命题逻辑 SCI，它可以看成是一种最简单的内涵主义超内涵逻辑，最能反映内涵主义超内涵逻辑的核心思想。本书第 5 章的工作就是通过改造 SCI 完成的，故对 SCI 的详细介绍将留待第 7 章进行。

**2. Bealer 的性质论**[②]

1) *基本动机*

采用代数语义处理，与主流超内涵逻辑相比有两个重要不同：一是不采用 $\lambda$ 演算和类型论语言，只是在一阶谓词语言上引入一个抽象符表示命题、性质和关系的内涵；二是不但把命题看作初始的，而且把性质和关系也看作初始的。

2) *内涵刻画*

Bealer 给出了两种内涵同一标准，一种较弱的内涵同一与传统的逻辑等价标准类似，另一种较强的同一标准如下：

**(CI8)** 两个表达式内涵相同，当且仅当它们具有同样的逻辑分析树，即由同一的简单内涵通过同样的逻辑运算构造而成。

由于内涵被看作初始的，在没有其他意义公设的条件下，只有相同的表达式才具有相同的内涵。这种内涵思想在一定意义上也可以看成是一种结构主义的内涵观。与结构式语义不同的是，结构式语义把最小结构的内涵还原为某种外延，而这里则把最小结构的内涵看成是初始的。

3) *问题*

第一，由于 Bealer 的语言比较局限，其表达力也受到了限制，自然语言中的许多词类 (如形容词、限定词等) 在其中不能获得有效表达。

第二，由于其逻辑是无类型的，因而在不加限制的情况下会出现逻辑悖

① 参见 Suszko, 1967, 1973, 1975。

② 参见 Bealer, 1979, 1982; Bealer and Monnich, 2003。

论。

第三，有批评者指出，尽管其逻辑是一阶的，但作者声称的完全性不是相对于标准模型的完全性，而是相对于广义模型的完全性。

## 6.3 超内涵逻辑的问题

如前所述，超内涵逻辑起源于对强真值 – 意义原则的否定，即逻辑等价(在所有可能世界具有相同真值) 的句子并不必然具有相同的意义 (内涵)，因而不能在所有语境中保真值地相互替换。那么随之而来的问题就是，在什么条件下两个句子具有相同的意义 (内涵)，从而可以在所有语境中保真值地相互替换呢？这就是超内涵逻辑所要解决的核心问题。

以上我们简要回顾了对这个问题在两种策略、四个方向上的八种回答(CI1~CI8)，并指出了各自的问题所在。其中，内涵主义超内涵逻辑虽然在内涵的处理方法上与外延主义超内涵逻辑有所不同，但二者只是在基本内涵的假定上不同。前者假定基本内涵能还原为外延，后者则假定基本内涵是初始的，不能还原为外延。对复合表达式的内涵处理，内涵主义超内涵逻辑也是采取结构主义的方式来进行的，其本质思想即 Church 提出的同义同构概念：复合表达式的内涵不但由其组成部分的内涵决定，而且依赖于其组成结构。这种结构主义内涵观的问题在于如何确定结构的部分。一个可以分解为多层的语句其结构究竟由最顶层确定还是由最底层确定？抑或由某个中间层确定？由最顶层确定则可能导致内涵过粗，如 Church 列举的内涵同构的反例；由最底层确定则可能导致内涵过细，使得内涵过于依赖语形而抹杀同义性的直观解释。这个问题并不是结构主义内涵观带来的，而是因为坚持内涵同一只有一个绝对标准造成的。事实上，目前几乎所有的超内涵逻辑都存在这个问题，即对内涵的刻画要么过细、要么过粗。

### 6.3.1 内涵粒度过细问题

为了克服经典内涵逻辑对内涵刻画过粗的问题，超内涵逻辑的内涵同一粒度变得更加精细。原来能够进行同一替换的表达式在更精细的内涵同一标准下不再是内涵同一的，因而不再能进行合法替换，这样就避免了在超内涵逻辑系统中推出许多直观上无效的论证，如逻辑全知的一些结果。

然而，在避免无效论证的同时，超内涵逻辑也过滤掉了很多直观上有效的论证。例如，除非添加意义公设，下面的推理在现有的超内涵逻辑中是无效的：

**例 6.1**

$p$ 是真的。
$p$ 当且仅当 $q$。
———————
$q$ 是真的。

**例 6.2**

三角形的三垂线交于一点。
x 是三边形。
———————
x 的三垂线交于一点。

**例 6.3**

张三知道 $p$ 并且 $q$。
$p$ 并且 $q$ 等价于 $q$ 并且 $p$。
———————
张三知道 $q$ 并且 $p$。

为了能刻画上述直观上有效的推理，超内涵逻辑必须假定自然语言中同义的表达式在超内涵逻辑中就是内涵同一的，即必须有：[$p$ 是真的] = [$p$], [x 是三角形] = [x 是三边形], [$p$ 并且 $q$] = [$q$ 并且 $p$]([A]表示语句 A 的意义或内涵)。而这样的假定必须是一般的，否则就变成特设性的 (ad hoc)，而一旦这样的假定是一般的 (即所有同义的表达式都表达为内涵同一)，那么它对内涵的刻画又会变得过粗。

### 6.3.2 内涵粒度过粗问题

有些直观上无效的推理在添加上述意义公设后的超内涵逻辑中变为有效，比如前面提到的分析悖论和梅茨困惑：

**例 6.4**

X 相信任何一个单身汉都是一个单身汉。
单身汉就是未婚男子。
———————————————
X 相信任何一个单身汉都是一个未婚男子。

**例 6.5**

X 知道任何一个圆都是一个圆。
圆就是在同一平面到某个定点具有定长的点的轨迹。
———————————————
X 知道任何一个圆都是在同一平面到某个定点具有定长的点的轨迹。

**例 6.6**

X 知道 12 个是 12 个。
一打就是 12 个。
———————————————
X 知道一打就是 12 个。

**例 6.7**

$S$ 与 $S'$ 同义。
没有人怀疑任何相信 $S$ 的人都相信 $S$。
———————————————
没有人怀疑任何相信 $S$ 的人都相信 $S'$。

又如，如果认为“$x$ 是偶数”的含义就是“2 整除 $x$”，“$x$ 是自我整除的”的含义就是“$x$ 整除 $x$”，那么下面的推理在超内涵逻辑中也是有效的：

**例 6.8**①

张三相信 2 是偶数。
2 是偶数 $= \lambda x.(x\text{是偶数})(2) = \lambda x.(2\text{整除}x)(2) =$ 2 整除 2 $=$
$\lambda x.(x\text{整除}x)(2) = \lambda x(x\text{是自我整除的})(2) =$ 2 是自我整除的。
———————————————
张三相信 2 是自我整除的。

解决上述两难的一个出路是：不把自然语言中同义的表达式看作内涵同一，而只是看作外延同一，这样，我们仍然可以表达上述例子中的有效推理，而可以避免其中的无效推理。然而，如果我们连自然语言中同义的表达式都不表达为形式系统中的内涵同一，那么内涵同一对于刻画自然语言而言就变得没有意义了，我们只需要外延同一就够了。因此，一个仅有单一内涵同一

① 此例源自 Bealer, 1998。

标准的逻辑系统要么不能很好地刻画自然语言，要么对于自然语言就是无意义的。我们显然不希望后者，这样就需要一个更丰富更灵活的内涵同一标准。如同我们在语形上需要一个更丰富更灵活的类型论 (flexible type theory) 一样，在语义上我们也需要一个更丰富更灵活的内涵理论。换言之，自然语言中不但具有类型上的多态性 (polymorphism)，而且在内涵同一上也具有某种多态性。但现有的超内涵逻辑研究只注意到了类型应该灵活，而忽略了内涵同一标准也应该是灵活的。产生这种忽略的一个原因在于，现在的内涵逻辑研究更注重的是如何更好地使自然语言获得形式表达，而忽略了如何更好地刻画自然语言中的有效推理。当然，前者是后者的前提，但前者不能代替后者的解决。

## 6.4　内涵语境主义

经典内涵逻辑的一个重要思想就是把外延语境化了：同一个表达式在不同语境下可以有不同指称。经典内涵逻辑所理解的语境 (如情境、可能世界) 是一种客观或本体论意义上概念。然而，正如 Penco (1999) 指出的，除了客观或本体论意义上的语境外，还存在一种主观或认识论意义上的语境，它们的区分可以总结如下：

(a) 语境是一个世界的特征集，可以表达为〈时间，地点，说话者，……〉；

(b) 语境是一个关于世界的假定集，可以表达为〈语言，公理，规则，……〉。

由于第二种意义上的语境涉及不同主体 (或群体) 在认知上的差异，包括对语言的理解、对世界的认识，以及由此产生的知识 (信念) 背景与结构上的差异、逻辑推理能力的区别，甚至逻辑推理方式的不同，同样的语言表达式在这些不同的认知语境下也会呈现出不同的认知价值。对那些已经具有现代天文学背景知识的主体 (群) 而言，“晨星 = 暮星” 与 “晨星 = 晨星” 一样并不提供新的信息，而对于尚未发现 “晨星 = 暮星” 这一天文学事实的主体 (群) 而言，二者却具有不同认知价值。即使对同一个认知主体而言，在不同的场合下，同样的表达式呈现给他的意义也是不一样的。一个数学家在做数学时会按照数学中的定义来理解 “圆”，而在他处理日常问题时他又会按照日常使用来理解“圆”。这种意义上的不同不仅仅是外延上的不同，内涵本身也发生了改变。

事实上，语言表达式的内涵不但依赖于认知语境，即使是不同的客观语境也会使同样的语言表达式产生不同的含义。考虑如下语句：

(1) 猫在垫子上；

(2) 张三在割草；

(3) 李四把门打开了。

设想这样一些语境：猫和垫子正在星际空间旅行；人们像切蛋糕一样切(割)① 草；人们用手术刀来打开门。在这样一些与通常语境不同的奇异语境中，三个语句的意义完全发生了改变。② 因此，我们认为，不但语言表达式的外延依语境而定，而且语言表达式的内涵也依语境而定，我们称这种内涵观为内涵语境主义。

按照内涵语境主义，内涵同一标准就不再是绝对的，而是相对的、局部的、多元化的。不同的语境可以具有不同的内涵同一标准。内涵同一标准的多元化思想实际上在 Church、Bealer 等那里已经萌芽了。Church 本人即提供了三种内涵同一标准。Bealer 的逻辑系统也提供了两种内涵同一标准：一种用来刻画性质，一种用来刻画概念，前者具有客观性，内涵同一标准较为宽松；后者具有主观性，内涵同一标准更加严格。Bealer (1982) 甚至指出，在这两种同一标准之间还应存在一个连续的谱系。

实际上，5.4 节中的问题 1)~4) 已经分别对应着四种不同的内涵语境，这四种不同的内涵语境要求有四种不同的内涵同一标准。即使做最粗糙的分类，也至少应当有如下三种针对不同语境的内涵同一标准：

(1) 纯外延语境：内涵相同当且仅当外延相同；

(2) 模态语境：内涵相同当且仅当所有可能的外延都相同；

(3) 认知语境：内涵相同当且仅当认知价值相同。

当然，这种分类是相当粗砺的，自然语言中的语境远不止这三种。例如，在信念语境中还存在从言 (de dicto) 与从物 (de re) 的区分，前者的同一标准

---

① 在英文里，“切”和“割”都可以用 cut 来表达。

② 参见 Searl, 1979。

较严，而后者的同一标准则较松。更一般地考虑，我们应当允许有无穷多内涵同一标准，每一种语境都给出一种内涵同一标准。相应的，莱布尼茨的同一替换律也应修正为如下形式：

> 对任意 $x$ 和 $y$，如果相对于语境 $i$ 有 $x = y$，那么在语境 $i$ 下任何对 $x$ 成立的东西对 $y$ 也成立，任何对 $y$ 成立的东西对 $x$ 也成立。

这样，内涵逻辑推理中的同一替换规则不再是全局性的，而是依场合而定。[1] 我们把这种基于内涵语境主义的内涵逻辑称为语境内涵逻辑。

我们认为，一个令人满意的语境内涵逻辑或语义应该具有如下性质：

(1) 能解释共指替换问题，即可以解释为何共指称的表达式不能在所有语境下进行保真替换；

(2) 能解释等价替换问题，即可以解释为何逻辑等价的表达式不能在所有语境下进行保真替换；

(3) 能解释同义替换问题，即可以解释为何同义的表达式不能在所有语境下进行保真替换；

(4) 能解释为何上述各种替换在有些语境下又是合理的；

(5) 能解释非平凡的同义句，即允许语形不同的表达式具有相同内涵；

(6) 能解释不同语境之间的同义关系；

(7) 能自然解释 (无需添加意义公设) 一些基本的同义句，如 $A \wedge B$ 与 $B \wedge A$；

(8) 可公理化 (具有完全性)。

---

① Burge 也认为，信念语境中的同义替换在不同场合有不同标准，它们由信念报告者的目的和关于信念者的事实决定。参见 Burge , 1978, 136。

# 第 7 章

# 语境超内涵逻辑

本章基于代数语义给出了两种语境超内涵逻辑，发展了非弗雷格逻辑 SCI。

## 7.1 基本思想

经典内涵逻辑的核心思想是：把外延语境化。内涵主义超内涵逻辑的核心思想是：把内涵初始化。本章拟给出的语境超内涵逻辑的核心思想则可以看成是对语境化和初始化两种思想的综合：首先把内涵初始化，然后把内涵语境化。

内涵初始化的命题逻辑又称作非弗雷格逻辑 (non-Fregean logic)。为了理解非弗雷格逻辑，我们首先按照 Suszko (1975) 引法重新考察 Frege 的意义理论，如下图所示：

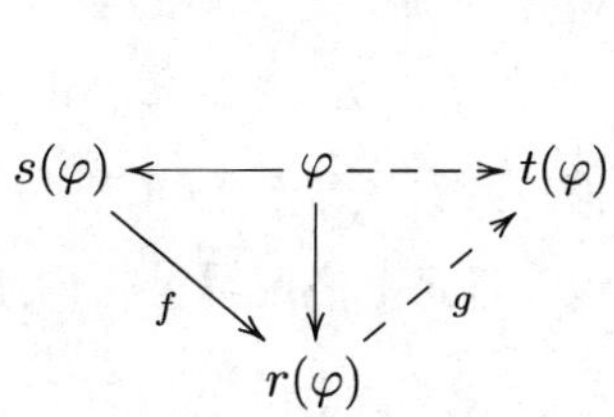

在上图中，$\varphi$ 是词项或语句，$r(\varphi)$ 表示 $\varphi$ 的指称 (denotation)，即由 $\varphi$ 给出的对象，$s(\varphi)$ 表示 $\varphi$ 的含义 (sense)，即 $\varphi$ 给出 $r(\varphi)$ 的方式。当 $\varphi$ 是语句时，$t(\varphi)$ 表示 $\varphi$ 的逻辑值 (真值)。其中，指派 $r$，$s$ 和 $t$ 满足下列条件：

(1) 若 $r(\varphi) \neq r(\psi)$，则 $s(\varphi) \neq s(\psi)$；

(2) 若 $t(\varphi) \neq t(\psi)$，则 $r(\varphi) \neq r(\psi)$。

由于 Frege 认为语句的指称就是真值，因此自 Frege 以来经典逻辑中 (2) 的逆也成立，我们称这样的逻辑为弗雷格逻辑 (在 7.2 节我们将给出形式定义)。这样，所有语句的指称只有两个 (真和假)，与所有名字的指称可以远远多于两个相比，这个限制是比较奇怪的。于是波兰逻辑学家 R. Suszko 发展了所谓的非弗雷格逻辑，其基本思想是区分语句的指称和真值。为此，Suszko 引进了一个新的二元联结词 $\equiv$，表示语句的指称相同 (Suszko 认为语句的指称就是该语句所描述的情境)，以区别于表示语句真值相等的联结词 $\leftrightarrow$。在非弗雷格逻辑中，我们有 $\varphi \equiv \psi \vdash \varphi \leftrightarrow \psi$，但 $\varphi \leftrightarrow \psi \nvdash \varphi \equiv \psi$，即 (2) 成立，但 (2) 的逆不成立。这与超内涵逻辑的目标和动机是一致的。只是在语义上，超内涵逻辑引进了内涵的概念，并把 $\varphi \equiv \psi$ 解释为两个语句具有相同的内涵。但由于超内涵逻辑不区分语句的外延 (指称) 与真值，因此，超内涵逻辑中语句的内涵实际上就相当于非弗雷格逻辑中语句的指称，二者实质一致只是表述不同。

不过，在词项层次上，非弗雷格逻辑与超内涵逻辑将有所不同。对于非弗雷格逻辑，与语句的指称相平行的概念是词项的指称，而词项的逻辑值 (个体域中的对象) 与词项的指称是没有区别的，这样非弗雷格逻辑将不能区分晨星与昏星这样的专名，除非引进一个不同于 $=$ 的逻辑谓词表示两个词项的含义相同。换言之，最终非弗雷格逻辑仍然需要引进含义或内涵这样的概念。因此，为了使得对语句和词项引进的新的逻辑符的解释保持一致 (都解释为内涵相同)，还不如一开始就把 $\equiv$ 解释为语句的内涵相同，而不区分语句的指称与真值。无论如何，至少在命题逻辑的层次上，非弗雷格逻辑与超内涵逻辑是一致的。可以说，非弗雷格逻辑是超内涵逻辑的核心片断和最简形式。

正因为如此，非弗雷格逻辑也像其他超内涵逻辑一样，只有绝对的内涵同一概念，不符合内涵语境主义的要求。为此，我们对非弗雷格逻辑 SCI(详见 7.2 节) 进行了改造，引入了三元等词结构 $CA \equiv B$，表示语句 $A$ 与 $B$ 在语境 $C$ 中内涵相同。在语义解释上，模型的域中的元素不再是真值，而是内涵实体或命题，[①] 对原子语句的指派也不再是真值，而是命题。在所有命题中，有一部分命题是真命题。每个语境 $C$ 对域中的元素进行一个划分，形成若干等价类，每个等价类中的命题在该语境下可以看作是同一的。根据语义的组合原则，划分应满足一定的条件，即由划分导出的等价关系对于逻辑运算应构成全等关系。这样，每个语境 $C$ 实际上就提供了一个所有命题上的全等关系。$CA \equiv B$ 是真命题当且仅当 $A$ 和 $B$ 所指称的命题 (或 $A$ 和 $B$ 的内涵) 具有 $C$ 所对应的全等关系。基于这种思想，我们构造了语境符号作为公式的超内涵逻辑 CHIL，并运用 CHIL 部分地解决了分析悖论。

由于在语言上我们没有为语境引进专门的符号，而是用公式来代表语境，这使得 CHIL 对语境的刻画不够灵活，也不够自然。为此，我们又构造了一种语境符号作为初始的超内涵逻辑 cHIL，即引入专门的符号表示语境，并引入了语境之间的关系符。这样就可以刻画不同语境之间的命题关系，而在 CHIL 中只能对同一个语境内的命题进行刻画，从而弥补了 CHIL 的不足。当然，这是以损失语言上的简洁性为代价的。

## 7.2 非弗雷格逻辑与 SCI

下面我们给出非弗雷格逻辑的形式定义。首先给出一些记号说明。我们用序对 $\mathsf{S} = (S, Cn)$ 表示一个逻辑，其中 $S$ 是逻辑 $\mathsf{S}$ 的合式公式构成的代数，比如只有联结词 $\neg$ 和 $\to$ 的经典命题逻辑的语言构成代数 $(Fm, \neg, \to)$，其中 $Fm$ 是经典命题逻辑的合式公式的集合。$Cn : \wp(Fm) \to \wp(Fm)$ 是逻辑 $\mathsf{S}$ 的后承运算，一般满足如下条件：

① Suszko 认为域中的元素是情境，这涉及不同的本体论承诺问题，只要这些实体不还原为真值，那么它们在模型的形式刻画上并无区别。

(C1) $\Phi \subseteq Cn(\Phi)$;

(C2) $Cn(Cn(\Phi)) = Cn(\Phi)$;

(C3) 若 $\Phi \subseteq \Psi$, 则 $Cn(\Phi) \subseteq Cn(\Psi)$。

为简便起见, 若 $\Phi \subseteq Fm$, $A \in Fm$, 通常把 $Cn(\Phi \cup \{A\})$ 记作 $Cn(\Phi, A)$。若 $Fm$ 所在的代数为 $S$, 我们也把 $\Phi \subseteq Fm$ 和 $A \in Fm$ 分别记为 $\Phi \subseteq S$ 和 $A \in S$。

后承运算也可以方便地转换成后承关系 $\vdash_C \subseteq \wp(S) \times S$ 如下：对任意 $\Phi \subseteq S$ 和 $A \in S$,

$$\Phi \vdash_C A \Leftrightarrow A \in Cn(\Phi)$$

我们称 $T \subseteq S$ 为逻辑 $\mathsf{S}$ 的一个理论, 如果 $T = Cn(T)$)。记 $\mathsf{S}$ 的所有理论构成的集合为 $Th\mathsf{S}$. 我们记所有命题变元构成的集合为 Var, 记公式 $A$ 中出现的所有命题变元为 Var($A$)。我们用 $C(A/p)$ 表示用公式 $A$ 一致替换 $C$ 中出现的命题变元 $p$ 后得到的公式。

**定义 7.1** (Suszko 算子)　令逻辑 $\mathsf{S} = (S, Cn)$, $\mathsf{S}$ 的 Suszko算子 $\Omega_{\mathsf{S}} : \wp(S) \to \wp(S \times S)$ 定义如下, 对任意 $\Sigma \subseteq S$:

$$\langle A, B\rangle \in \Omega_{\mathsf{S}}\Sigma \Leftrightarrow \forall C \in S \forall p \in \mathrm{Var}(C) : Cn(\Sigma, C(A/p)) = Cn(\Sigma, C(B/p))$$

由该定义可以看出, Suszko 算子 $\Omega_{\mathsf{S}}$ 的作用就是对每个公式集 $\Sigma$ 给出一个二元关系, 使得任何具有该二元关系的公式相对于 $\Sigma$ 可以相互替换, 即, 对于公式集 $\Sigma$, 若公式 $A$ 和 $B$ 具有该二元关系, 那么任何包含 $A$ 的公式和把其中的 $A$ 替换成 $B$ 后的公式在公式集 $\Sigma$ 下的逻辑后承都相同。

**定义 7.2** (相容)　称二元关系 $\sim$ 与公式集 $T$ 相容, 当且仅当, 若 $A \sim B$, 则 $A \in T \Leftrightarrow B \in T$。

**定理 7.1**　令逻辑 $\mathsf{S} = (S, Cn)$, $T \in Th\mathsf{S}$, 则 $\Omega_{\mathsf{S}}T$ 是 $S$ 上与 $T$ 相容的全等关系。

证明　参见 Czelakowski, 2001, 98。

□

**定义 7.3** (弗雷格逻辑) S $= (S, Cn)$ 称为*弗雷格逻辑*(Fregean logic), 如果下面的条件满足:

$$\forall \Sigma \subseteq S : Cn(\Sigma, A) = Cn(\Sigma, B) \Rightarrow (A, B) \in \Omega_{\mathsf{S}} Cn(\Sigma),$$

否则称 S 为*非弗雷格逻辑*(non-Fregean logic)。

**定义 7.4** (弗雷格关系) 任给逻辑 S, 任给 $T \in Th\mathsf{S}$, $T$ 相对于 S 的*弗雷格关系* $\Lambda_{\mathsf{S}} T$ 定义如下:

$$\Lambda_{\mathsf{S}} T = \{(A, B) \mid T, A \vdash_{\mathsf{S}} B \text{且} T, B \vdash_{\mathsf{S}} A\}$$

当 $\Sigma = \emptyset$ 时, 称 $\Lambda_{\mathsf{S}} T$ 为 S 的弗雷格关系, 记为 $\Lambda\mathsf{S}$。

不难证明弗雷格逻辑有如下等价定义: [①]

**定义 7.5** (弗雷格逻辑的等价定义) 设逻辑 S $= (S, Cn)$, 则 S 是弗雷格逻辑当且仅当下面任何一个条件满足:

(1) $\forall \Sigma \subseteq S : Cn(\Sigma, A) = Cn(\Sigma, B) \Rightarrow (A, B) \in \Omega_{\mathsf{S}} Cn(\Sigma)$;

(2) $\forall T \in Th\mathsf{S} : \Lambda_{\mathsf{S}} T = \Omega_{\mathsf{S}} T$;

(3) 对任意 $T \in Th\mathsf{S}$, $\Lambda_{\mathsf{S}} T$ 是 $S$ 上的全等关系。

下面我们介绍一种具体的非弗雷格逻辑: 由 R. Suszko 等发明的带等词的命题演算 SCI(sentential calculus with identity) 。[②]

**定义 7.6** (SCI 语言) $p \mid \neg A \mid A \to B \mid A \equiv B$。

我们规定 $\equiv$ 的结合力强于其他二元联结词。如果我们把 $\neg, \to$ 和 $\equiv$ 看作 $Fm$ 上的运算, 那么四元组 $\mathcal{L} = (Fm, \neg, \to, \equiv)$ 是一个代数。则称形如 $\mathcal{L}$ 的代数为 SCI 代数 (即类型为 $\langle 1, 2, 2 \rangle$ 的代数)。

**定义 7.7** (SCI 公理系统) 公理 (模式):

(A1) $A \to (B \to A)$;

(A2) $(A \to (B \to C)) \to ((A \to B) \to (A \to C))$;

(A3) $(\neg B \to \neg A) \to (A \to B)$;

(A4) $A \equiv A$;

---

① 参见 Czelakowski, 2001, 375。

② 参见 Suszko, 1975; Bloom, 1971,1972。

(A5) $A \equiv B \to \neg A \equiv \neg B$;

(A6) $A \equiv A' \to (B \equiv B' \to (A \to B) \equiv (A' \equiv B'))$;

(A7) $A \equiv A' \to (B \equiv B' \to (A \equiv B) \equiv (A' \equiv B'))$;

(A8) $A \equiv B \to (A \to B)$。

推理规则：

(R1) $A, A \to B/B$。

说明：容易看出，上述公理中 (A4)~(A7) 表明 $\equiv$ 是公式代数 $\mathcal{L}$ 上的全等关系，(A8) 则表明内涵同一蕴含外延相等。

**定义 7.8** (SCI 模型)　称二元组 $\langle \mathfrak{A}, D \rangle$ 为 SCI模型，当且仅当下列条件满足：

(1) $\mathfrak{A} = \langle A, \sim, \supset, \approx \rangle$ 为一个 SCI 代数，其中 $A \neq \emptyset$;

(2) $D \subseteq A$ 且满足下列条件：对任意 $a, b \in A$,

(D1) $\sim a \in D \Leftrightarrow a \notin D$,

(D2) $a \supset b \in D \Leftrightarrow a \notin D$或$b \in D$,

(D3) $a \approx b \in D \Leftrightarrow a = b$。

所有 SCI 模型构成的类记作 Mod(SCI)。

**定义 7.9** (SCI 语义)　令 $M = \langle \mathfrak{A}, D \rangle$ 为一个 SCI 模型，则

(1) 称 $v$ 为一个 $M$赋值，如果 $v$ 是一个从 $\mathcal{L}$ 到 $\mathfrak{A}$ 的同态映射，即满足下列条件：对任意 $A, B \in Fm$,

(v1) $v(\neg A) = \sim v(A)$,

(v2) $v(A \to B) = v(A) \supset v(B)$,

(v3) $v(A \equiv B) = v(A) \equiv v(B)$。

(2) 称公式 $A$ 在模型 $M$ 中被赋值 $v$满足，如果 $v(A) \in D$，记作 $M, v \models A$。语义后承 $\Phi \models A$ 如通常定义。

**定理 7.2** (SCI 的可靠性与完全性)　SCI 公理系统相对于 Mod(SCI) 是强可靠和强完全的，即对任意公式集 $\Phi$ 和公式 $A$ 有 $\Phi \vdash A \Leftrightarrow \Phi \models A$。

证明　参见 Bloom, 1971。

□

## 7.3 语境符号作为公式的超内涵逻辑 CHIL

本节通过把 SCI 中的等词改造成相对等词，并修改相应的模型，构造了一种语境超内涵逻辑 CHIL，其中内涵既是初始的，又是依赖于语境的，但没有对语境引入专门符号，而是用公式表示语境。

### 7.3.1 CHIL 逻辑系统

**定义 7.10** (CHIL 语言) $p \mid \neg A \mid A \to B \mid CA \equiv B$。

我们规定 $\equiv$ 的结合力强于所有二元联结词。如果我们把 $\neg, \to$ 和 $\equiv$ 分别看作 $Fm$ 上的一元运算、二元运算和三元运算，那么四元组 $\mathcal{L} = \langle Fm, \neg, \to, \equiv \rangle$ 是一个代数。我们称形如 $\mathcal{L}$ 的代数为 CHIL 代数 (即类型为 $\langle 1, 2, 3 \rangle$ 的代数)。

说明：$CA \equiv B$ 表示 $A$ 和 $B$ 相对于语境 $C$ 内涵同一。这里我们不预先把 $A$ 和 $B$ 解释为命题，其解释完全是开放的。它们既可以是陈述 (statement)、语句、句型 (sentence type)、句记 (sentence token)，也可以是命题、某一类命题 (如数学命题)、某个主体的信念等。同样，对 $C$ 的解释也是完全开放的，既可以表示通名“命题”，也可以看作某个特定的谈话语境，还可以解释为某个主体的信念集。这样，$CA \equiv B$ 既可以表示陈述 $A$ 和 $B$ 是同一命题，也可以表示命题 $A$ 和 $B$ 在语境 $C$ 下内涵相等，还可以表示数学命题 $A$ 和 $B$ 相对于某个主体的信念集 $C$ 有相同的意义，等。

**定义 7.11** (CHIL 公理系统) 公理 (模式)：

(A1) $A \to (B \to A)$;

(A2) $(A \to (B \to C)) \to ((A \to B) \to (A \to C))$;

(A3) $(\neg B \to \neg A) \to (A \to B)$;

(A4) $CA \equiv A$;

(A5) $CA \equiv B \to CB \equiv A$;

(A6) $DA \equiv B \to (DB \equiv C \to DA \equiv C)$;

(A7) $CA \equiv B \to C\neg A \equiv \neg B$;

(A8) $CA \equiv A' \to (CB \equiv B' \to C(A \to B) \equiv A' \to B')$;

(A9) $DC \equiv C' \to (DA \equiv A' \to (DB \equiv B' \to D(CA \equiv B) \equiv (C'A' \equiv$

$B')))$；

(A10) $CA \equiv B \to (C \to (A \to B))$。

推理规则：

(R1) $A, A \to B/B$。

说明：容易看出，上述公理中 (A4)~(A9) 表明 $\equiv$ 是某种相对的全等关系，(A10) 则表明在相同的语境下，内涵同一蕴含外延相等。

**定义 7.12** (CHIL 模型)　称三元组 $\langle \mathfrak{A}, g, D \rangle$ 为 CHIL模型，如果下列条件满足：

(1) $\mathfrak{A} = \langle A, \sim, \supset, \approx \rangle$ 为一个 CHIL 代数，其中 $A \neq \emptyset$；

(2) $g$ 是定义在 $A$ 到 $A \times A$ 上的一个函数，使得对任意 $d \in A$，$g(d)$ 是一个 $A$ 上的全等关系且对任意 $d \in D$，$g(d)$ 与 $D$ 相容，即满足下列条件：对任意 $a, b, c, d, a', b', c' \in A$，

(g1) $\langle a, a \rangle \in g(d)$,

(g2) $\langle a, b \in g(d) \rangle \Rightarrow \langle b, a \rangle \in g(d)$,

(g3) $\langle a, b \rangle, \langle b, c \rangle \in g(d) \Rightarrow \langle a, c \rangle \in g(d)$,

(g4) $\langle a, b \rangle \in g(d) \Rightarrow \langle \sim a, \sim b \rangle \in g(d)$,

(g5) $\langle a, a' \rangle, \langle b, b' \rangle \in g(d) \Rightarrow \langle a \supset b, a' \supset b' \rangle \in g(d)$,

(g6) $\langle a, a' \rangle, \langle b, b' \rangle, \langle c, c' \rangle \in g(d) \Rightarrow \langle ca \approx b, c'a' \approx b' \rangle \in g(d)$,

(g7) $\langle a, b \rangle \in g(d), d \in D \Rightarrow (a \in D \Leftrightarrow b \in D)$；

(3) $D \subseteq A$ 且满足下列条件：对任意 $a, b, c \in A$，

(D1) $\sim a \in D \Leftrightarrow a \notin D$,

(D2) $a \supset b \in D \Leftrightarrow a \in D$或$b \in D$,

(D3) $ca \approx b \in D \Leftrightarrow \langle a, b \rangle \in g(c)$。

所有 CHIL 模型构成的类记作 Mod(CHIL)。

**定义 7.13** (CHIL 语义)　令 $M = \langle \mathfrak{A}, g, D \rangle$ 为一个 CHIL 模型，则

(1) 称 $v$ 为一个 $M$赋值，如果 $v$ 是一个从 $\mathcal{L}$ 到 $\mathfrak{A}$ 的同态映射，即满足下列条件：对任意 $A, B, C \in Fm$，

(v1) $v(\neg A) = \sim v(A)$,

(v2) $v(A \to B) = v(A) \supset v(B)$,

(v3) $v(CA \equiv B) = v(C)v(A) \approx v(B)$。

(2) 称公式 $A$ 在模型 $M$ 中被赋值 $v$*满足*, 如果 $v(A) \in D$, 记作 $M, v \models A$。*语义后承* $\Phi \models A$ 如通常定义。

**引理 7.1** 令 $\Phi$ 是 CHIL 的一致集。若 $\Phi \nvdash A$, 则存在极大一致集 $\Psi$ 使得 $\Phi \cup \{\neg A\} \subseteq \Psi$。

证明 如通常所证。

□

**定理 7.3** (CHIL 的可靠性与完全性) CHIL 公理系统相对 Mod(CHIL) 是强可靠与强完全的, 即对任意公式集 $\Phi$ 和公式 $A$, $\Phi \vdash A \Leftrightarrow \Phi \models A$。

证明 ($\Rightarrow$) (A1)~(A3) 和 (R1) 的验证显然。下面验证 (A4)~(A10)。

(A4) 对任意 $C \in Fm$, 据 (g1), $\langle v(A), v(A)\rangle \in g(v(C))$, 故 $v(CA \equiv A) = v(C)v(A) \approx v(A) \in D$, 即 $M, v \models CA \equiv A$。

(A5) 设 $M, v \models CA \equiv B$, 则 $v(CA \equiv B) = v(C)v(A) \approx v(B) \in D$, 故 $\langle v(A), v(B)\rangle \in g(v(C))$, 据 (g2) 有 $\langle v(B), v(A)\rangle \in g(v(C))$, 所以 $v(CB \equiv A) = v(C)v(B) \approx v(A) \in D$, 即 $M, v \models CB \equiv A$, 故 $M, v \models CA \equiv B \to CB \equiv A$。

(A6) 设 $M, v \models DA \equiv B$, $M, v \models DB \equiv C$, 则 $v(DA \equiv B) = v(D)v(A) \approx v(B)$, $v(DB \equiv C) = v(D)v(B) \approx v(C) \in D$, 故 $\langle v(A), v(B)\rangle$, $\langle v(B), v(C)\rangle \in g(v(D))$, 据 (g3) 有 $\langle v(A), v(C)\rangle \in g(v(D))$, 所以 $v(DA \equiv C) = v(D)v(A) \approx v(C) \in D$, 即 $M, v \models DA \equiv C$, 故 $M, v \models DA \equiv B \to (DB \equiv C \to DA \equiv C)$。

(A7) 设 $M, v \models CA \equiv B$, 则 $v(CA \equiv B) = v(C)v(A) \approx v(B) \in D$, 故 $\langle v(A), v(B)\rangle \in g(v(C))$, 据 (g4) 有 $\langle \sim v(B), \sim v(A)\rangle \in g(v(C))$, 所以 $v(C\neg A \equiv \neg B) = v(C) \sim v(B) \approx \sim v(A) \in D$, 即 $M, v \models C\neg A \equiv \neg B$, 故 $M, v \models C \equiv B \to C\neg A \equiv \neg B$。

(A8) 设 $M, v \models CA \equiv A'$, $M, v \models CB \equiv B'$, 则 $v(CA \equiv B) = v(C)v(A) \approx v(B)$,$v(C'A' \equiv B') = v(C')v(A') \approx v(B') \in D$, 故 $\langle v(A), v(B)\rangle$, $\langle v(A'), v(B')\rangle \in g(v(C))$, 据 (g5) 有 $\langle v(A) \supset v(B), v(A') \supset v(B')\rangle \in g(v(C))$,

所以 $v(C(A \to B) \equiv (A' \to B')) = v(C)(v(A) \supset v(B)) \approx (v(A') \to v(B')) \in D$，即 $M, v \models C(A \to B) \equiv (A' \equiv B')$，故 $M, v \models CA \equiv A' \to (CB \equiv B' \to C(A \to B) \equiv (A' \to B')$。

(A9) 设 $M, v \models DC \equiv C'$，$M, v \models DA \equiv A'$，$M, v \models DB \equiv B'$，则 $v(DC \equiv C') = v(D)v(C) \approx v(C') \in D$，$v(DA \equiv A') = v(D)v(A) \approx v(A') \in D$，$v(DB \equiv B') = v(D)v(B) \approx v(B') \in D$，故 $\langle v(C), v(C')\rangle$，$\langle v(A), v(A')\rangle$，$\langle v(B), v(B')\rangle \in g(v(D))$，据 (g6) 有 $\langle v(C)vA) \approx v(B), v(C')v(A') \approx v(B')\rangle \in g(v(D))$，所以 $v(D(CA \equiv B) \equiv (C'A' \equiv B')) = v(D)(v(C)v(A) \approx v(B)) \approx (v(C')v(A') \approx v(B')) \in D$，即 $M, v \models D(CA \equiv B) \equiv (C'A' \equiv B')$，故 $M, v \models DC \equiv C' \to (DA \equiv A' \to (DB \equiv B' \to D(CA \equiv B) \equiv (C'A' \equiv B')))$。

(A10) 设 $M, v \models CA \equiv B$，$M, v \models C$，则 $v(CA \equiv B) = v(C)v(A) \approx v(B) \in D$，$v(C) \in D$，据 (g7) 有 $v(A), v(B) \in D$ 或 $v(A), v(B) \notin D$，据 (D2)$v(A) \supset v(B) \in D$，故 $M, v \models A \to B$，所以 $M, v \models CA \equiv B \to (C \to (A \to B))$。

($\Leftarrow$) 设若 $\Phi \nvdash A$, 则据引理 7.1, 存在极大一致集 $\Psi$ 使得 $\Phi \cup \{\neg A\} \subseteq \Psi$。定义公式集 $Fm$ 上的关系 $\sim_\Psi$ 如下：对任意 $A, B \in Fm$,

$$A \sim_\Psi B \Leftrightarrow \forall C \in Fm : CA \equiv B \in \Psi$$

据公理 (A4), (A5) 和 (A6), 对任意 $A, B, C, D \in Fm$, 有 $CA \equiv A, CA \equiv B \to CB \equiv A, CA \equiv B \to (CB \equiv D \to CA \equiv D) \in Th(\text{CHIL}) \subseteq \Psi$，从而据 $\sim_\Psi$ 的定义知其满足自返性、对称性和传递性，故 $\sim_\Psi$ 为 $Fm$ 上的等价关系。然后我们证明：$\sim_\Psi$ 与 $\Psi$ 相容，只需证：若 $A \sim_\Psi B$ 且 $A \in \Psi$ 则 $B \in \Psi$。

设 $A \sim_\Psi B, A \in \Psi$。据定义有，对任意 $C \in Fm$，$CA \equiv B \in \Psi$，特别的，对任意 $C \in \Psi$，有 $CA \equiv B \in \Psi$。因为 $\vdash CA \equiv B \to (C \to (A \to B))$，故 $C \to (A \to B) \in \Psi$, 因为 $C \in \Psi$, 故 $A \to B \in \Psi$, 又因为 $A \in \Psi$, 有 $B \in \Psi$。

记 $Fm$ 中每个元素 $A$ 相对于 $\sim_\Psi$ 构成的等价类为 $|A|$, 所有这些等价类构成的集合记为 $A$，记所有 $\Psi$ 中元素的等价类构成的集合为 $D$。分别定义 $A$ 上的一元运算 $\sim$，二元运算 $\supset$ 和三元运算 $\approx$ 如下：

$$\sim |A| =_{df} |\neg A|, |A| \supset |B| =_{df} |A \to B|, |C|\,|A| \approx |B| =_{df} |CA \equiv B|$$

首先验证上述定义是合理的，即定义项与被定义项的代表元选取无关。设 $A\sim_\Psi A'$，则对所有 $C\in Fm$，有 $CA\equiv A'\in\Psi$，据公理 (A7)，对所有 $C\in Fm$，$C\neg A\equiv\neg A'$，从而 $\neg A\sim_\Psi\neg A'$，故 $|\neg A|=|\neg A'|$。

设 $A\sim_\Psi A', B\sim_\Psi B'$，则对所有 $C\in Fm$，有 $CA\equiv A', CB\equiv B'\in\Psi$，据公理 (A8)，对所有 $C\in Fm$，$C(A\to B)\equiv(A'\to B')\in\Psi$，从而 $(A\to B)\sim_\Psi(A'\to B')$，故 $|A\to B|=|A'\to B'|$。

设 $A\sim_\Psi A'$，$B\sim_\Psi B'$，$C\sim_\Psi C'$，则对所有 $D\in Fm$，有 $DA\equiv A'$，$DB\equiv B'$，$DC\equiv C'\in\Psi$，据公理 (A9)，对所有 $D\in Fm$，有 $D(CA\equiv B)\equiv(C'A'\equiv B')$，从而 $(CA\equiv B)\sim_\Psi(C'A'\equiv B')$，故 $|CA\equiv B|=|C'A'\equiv B'|$。

其次证明 $\mathfrak{A}=\langle A,\sim\supset,\approx\rangle$ 是一个 CHIL 代数。对任意 $|A|,|B|,|C|\in A$，有 $A, B, C\in Fm$。因为 $\mathcal{L}=\langle Fm,\neg,\to,\equiv\rangle$ 是一个代数，所以 $\neg A$, $A\to B$, $CA\equiv B\in Fm$，故 $|A\to B|$, $|CA\equiv B|\in A$，从而据上述 $\sim$, $\supset$, $\approx$ 的定义，$\sim|A|$, $|A|\supset|B|$, $|C||A|\approx|B|\in A$，即 $A$ 对这些运算保持封闭，故 $\mathfrak{A}=\langle A,\sim,\supset,\approx\rangle$ 为一个 CHIL 代数。

再次定义 $A$ 上的函数 $g$ 为：对任意 $|C|\in A$，$g(|C|)\subseteq A\times A$ 使得对任意 $|A|,|B|\in A$，

$$\langle|A|,|B|\rangle\in g(|C|)\Leftrightarrow|C|\,|A|\approx|B|\in D$$

易见该定义是合理的，即定义项与被定义项的代表元选取无关。下面验证上面定义的 D 满足 (D1)~(D3)。对任意 $|A|,|B|,|C|\in A$，

(D1) $\sim|A|\in D\Leftrightarrow|\neg A|\in D\Leftrightarrow\neg A\in\Psi\Leftrightarrow A\notin\Psi\Leftrightarrow|A|\notin D$。

(D2) $|A|\supset|B|\in D\Leftrightarrow|A\to B|\in D\Leftrightarrow A\to B\in\Psi\Leftrightarrow A\notin\Psi$或$B\in\Psi\Leftrightarrow|A|\notin D$或$|B|\in D$。

(D3) $|C|\,|A|\approx|B|\in D\Leftrightarrow\langle|A|,|B|\rangle\in g(|C|)$ (据 $g$ 的定义)。

下面验证对任意 $|D|\in A$，$g(|D|)$ 满足 (g1)~(g7)。对任意 $|A|,|B|,|C|$，$|A'|,|B'|,|C'|\in A$，

(g1) $|A|=|B|\Rightarrow DA\equiv B\in\Psi\Rightarrow|DA\equiv B|\in D\Rightarrow|D|\,|A|\approx|B|\in D\Rightarrow\langle|A|,|B|\rangle\in g(|D|)$。

(g2) $\langle|A|,|B|\rangle\in g(|D|)\Rightarrow|D|\,|A|\approx|B|\in D\Rightarrow|DA\equiv B|\in D\Rightarrow DA\equiv$

$B \in \Psi \Rightarrow DB \equiv A \in \Psi \Rightarrow |DB \equiv A| \in D$。

(g3) $\langle |A|, |B| \rangle$, $\langle |B'|, |C| \in g(|D|) \rangle$, $|B| = |B'| \Rightarrow DA \equiv B$, $DB \equiv B'$, $DB' \equiv C \in \Psi \Rightarrow DA \equiv C \in \Psi \Rightarrow \langle |A|, |C| \rangle \in g(|D|)$。

(g4) $\langle |A|, |B| \rangle \in g(|D|) \Rightarrow DA \equiv B \in \Psi \Rightarrow D\neg A \equiv \neg B \in \Psi \Rightarrow \langle |\neg A|, |\neg B| \rangle \in g(|D|) \Rightarrow DA \equiv A'$, $DB \equiv B' \in \Psi$。

(g5) $\langle |A|, |A'| \rangle$, $\langle |B|, |B'| \rangle \in g(|D|) \Rightarrow DA \equiv A'$, $DB \equiv B' \in \Psi \Rightarrow D(A \to B) \equiv (A' \to B') \in \Psi \Rightarrow \langle |A \to B|, |A' \to B'| \rangle \in g(|D|) \Rightarrow \langle A \rangle \supset |B|, |A'| \to |B'| \in g(|D|)$。

(g6) $\langle |A|, |A'| \rangle$, $\langle |B|, |B'| \rangle$, $\langle |C|, |C'| \rangle \in g(|D|) \Rightarrow DA \equiv A'$, $DB \equiv B'$, $DC \equiv C' \in \Psi \Rightarrow D(CA \equiv B) \equiv (C'A' \equiv B') \in \Psi \Rightarrow \langle |CA \equiv B|, |C'A' \equiv B'| \rangle \in g(|D|) \Rightarrow \langle |C||A| \approx |B|, |C'||A'| \approx |B'| \rangle \in g(|D|)$。

(g7) $\langle |A|, |B| \rangle \in g(|C|)$, $|C| \in D \Rightarrow |C||A| \approx |B| \in D$, $|C| \in D \Rightarrow |CA \equiv B| \in D$, $|C| \in D \Rightarrow CA \equiv B \in \Psi$, $CB \equiv A \in \Psi$, $C \in \Psi \Rightarrow A \to B \in \Psi$, $B \to A \in \Psi \Rightarrow (A \in \Psi \Leftrightarrow B \in \Psi)$。

据以上证明可知 $M = \langle \mathfrak{A}, g, D \rangle$ 是一个 CHIL 模型。最后定义从 $Fm$ 到 $A$ 的映射 $v$ 为：对任意 $A \in Fm$，$v(A) = |A|$。下面验证 $v$ 是一个 $M$ 赋值。

(v1) $v(\neg A) = |\neg A| = \sim |A| = \sim v(A)$。

(v2) $v(A \to B) = |A \to B| = |A| \supset |B| = v(A) \supset v(B)$。

(v3) $v(CA \equiv B) = |CA \equiv B| = |C||A| \approx |B| = v(C)v(A) \approx v(B)$。

对任意 $F \in \Psi$，$v(F) = |F| \in D$，从而 $M, v \models \Psi$，即有 $M, v \models \Phi$，但 $M, v \not\models A$，矛盾于 $\Phi \vDash A$，故 $\Phi \vdash A$。

□

### 7.3.2 CHIL 对分析悖论的解决

下面我们应用 CHIL 解决前面提到的“分析悖论”问题。首先我们证明如下命题。

**命题 7.1** $\{CA \equiv A, DA \equiv B\} \nvDash CA \equiv B$。

证明 考虑模型 $M = \langle \mathfrak{A}, g, D \rangle$，其中 $\mathfrak{A} = \langle A, \sim, \supset, \approx \rangle$ 定义如下：

$A = \{0, 1\}$，$D = \{1\}$，并定义 $A$ 上的运算 $\sim, \supset, \approx$ 如下：

$\sim 0=1, \sim 1=0$;

$0 \supset 0=1, 0 \supset 1=1, 1 \supset 0=0, 1 \supset 1=1$;

$00 \approx 0=1, 00 \approx 1=1, 01 \approx 0=1, 01 \approx 1=1$,

$10 \approx 0=1, 10 \approx 1=0, 11 \approx 0=0, 11 \approx 1=1$。

容易验证，如上定义的 $\mathfrak{A}$ 是一个 CHIL 代数。定义 $A$ 到 $\wp(A \times A)$ 的函数 $g$ 如下：

$g(0)=\{\langle 0,0\rangle, \langle 0,1\rangle, \langle 1,0\rangle, \langle 1,1\rangle\}$,

$g(1)=\{\langle 0,0\rangle, \langle 1,1\rangle\}$。

容易验证，$g$ 满足 (g1)~(g6)，$D$ 满足 (D1)~(D4)。不妨令 $A, B, C, D$ 均为命题变元，定义 $\mathcal{L}$ 到 $\mathfrak{A}=\langle A, \sim \supset, \approx\rangle$ 的同态映射 $v$，使得 $v(A)=0, v(B)=1$, $v(C)=1$, $v(D)=0$，则

$$v(CA \equiv A)=v(C)v(A) \approx v(A)=10 \approx 0=1$$

$$v(DA \equiv B)=v(D)v(A) \approx v(B)=00 \approx 1=1$$

但

$$v(CA \equiv B)=v(C)v(A) \approx v(B)=10 \approx 1=0$$

故 $M, v \models CA \equiv A$，$M, v \models DA \equiv B$，但 $M, v \not\models CA \equiv B$，从而 $\{CA \equiv A, DA \equiv B\} \not\models CA \equiv B$。

□

现在考察分析悖论在 CHIL 中的表达。我们把 "X 相信 $A=A$" 表示为 $CA \equiv A$，其中 $C$ 表示 X 的信念集这个语境；把 "$A =_{df} B$" 表示为 $DA \equiv B$，其中 $D$ 表示 $A$ 获得定义 $B$ 所在的语境，因为这个语境与 X 的信念集语境不一定相同，因此 $C$ 和 $D$ 需要用不同的公式来表示。根据上述命题，$\{CA \equiv A, DA \equiv B\} \not\models CA \equiv B$，因此由 "X 相信 $A=A$" 和 "$A =_{df} B$" 推不出 "X 相信 $A=B$"，从而解释了其论证的无效。这样，我们既保留了刻画内涵同一的等词，又避免了某些无效论证。

### 7.3.3 语境符号作为初始的超内涵逻辑 cHIL

本节考虑语境用初始符号表示的语境超内涵逻辑 cHIL，与原来的公理系统 CHIL 有所不同，对语境增加了一个新联结词，从而可以刻画不同语境下内涵同一之间的关系。

**定义 7.14** (cHIL 语言)　• 初始符号

– 命题变元：$p_0, p_1, \cdots, p_n, \cdots$；

– 语境符号：$c_0, c_1, \cdots, c_n, \cdots$；

– 联结词：$\neg, \rightarrow, \equiv, \preceq$；

– 辅助符号：), (。

所有语境符号构成的集合记为 $Ct$。

• 合式公式：所有合式公式构成的集合 $Fm$ 由下列规则生成：

(1) 若 $p \in \mathrm{Var}$，则 $p \in Fm$；

(2) 若 $A, B \in Fm$，$c, d \in Ct$，则 $\neg A$，$A \rightarrow B$，$cA \equiv B$，$c \preceq d \in Fm$；

(3) 所有合式公式由 (1)、(2) 生成。

说明：$cA \equiv B$ 表示语句 $A$ 和 $B$ 相对于语境 $c$ 内涵同一，$c \preceq d$ 表示语境 $d$ 至少如语境 $c$ 那样丰富。如果我们把一个语境理解为一个意义公设集，或一个主体的信念集，或一个理论的知识集等等，那么 $c \preceq d$ 大致可以理解为 $c$ 包含于 $d$，具体解释将在模型里给出。

约定：

(1) 对任意 $i \in \mathbb{N}$，我们把 $c_iA \equiv B$ 简写为 $A \equiv_i B$。

(2) 对任意 $i, j \in \mathbb{N}$，我们把 $c_i \preceq c_j$ 简写为 $i \preceq j$ 或 $\preceq_{ij}$。

(3) 我们规定联结词的结合力按下面的顺序依次减弱：$\neg, \equiv, \wedge, \vee, \preceq, \rightarrow, \leftrightarrow$。

在上面的约定下，对任意 $i, j \in \mathbb{N}$，如果我们把 $\preceq_{ij}, \neg, \rightarrow$ 和 $\equiv_i$ 分别看作 $Fm$ 上的运算 (其中 $\preceq_{ij}$ 为零元运算)，那么 $\mathcal{L} = \langle Fm, \{\preceq_{ij}\}_{i,j\in\mathbb{N}}, \neg, \rightarrow, \{\equiv_i\}_{i\in\mathbb{N}}\rangle$ 是一个含有可数个运算的代数。称形如 $\mathcal{L}$ 的代数为 cHIL 代数。

**定义 7.15** (cHIL 公理系统)　公理 (模式)：

(A1) $A \rightarrow (B \rightarrow A)$；

(A2) $(A \to (B \to C)) \to ((A \to B) \to (A \to C))$;

(A3) $(\neg B \to \neg A) \to (A \to B)$;

(A4) $A \equiv_i A$;

(A5) $A \equiv_i B \to B \equiv_i A$;

(A6) $A \equiv_i B \to (B \equiv_i C \to A \equiv_i C)$;

(A7) $A \equiv_i B \to \neg A \equiv_i \neg B$;

(A8) $A \equiv_i B \to (B \equiv_i B' \to (A \to B) \equiv_i (A' \to B'))$;

(A9) $A \equiv_i A' \to (B \equiv_i B' \to (A \equiv_j B) \equiv_i (A' \equiv_j B'))$;

(A10) $A \equiv_i B \to (A \to B)$;

(A11) $i \preceq j \to (A \equiv_i B \to A \equiv_j B$。

推理规则:

(R1) $A, A \to B/B$;

(R2) $\{A \equiv_i B \to A \equiv_j B \mid A, B \in Fm\}/i \preceq j$。

说明: 容易看出, 上述公理中 (A4)~(A9 表明 $\equiv_i$ 是其公式代数 $\mathcal{L}$ 上的全等关系; (A10) 表明内涵同一蕴含外延相等; (A11) 可以理解为, 语境越丰富 (提供的意义公设越多), 该语境下的内涵同一标准就越宽松。

**定义 7.16** (cHIL 模型) 称三元组 $\langle \mathfrak{A}, g, D \rangle$ 为 cHIL模型, 如果下列条件满足:

(1) $\mathfrak{A} = \langle A, \{\leqslant_{ij}\}_{i,j \in \mathbb{N}}, \sim, \supset, \{\approx_i\}_{i \in \mathbb{N}} \rangle$ 为一个 cHIL 代数, 其中 $A \neq \emptyset$;

(2) $g$ 是定义在 $\mathbb{N}$ 到 $A \times A$ 的一个函数, 使得对任意 $i \in \mathbb{N}$, $g(i)$ 是一个 $\mathfrak{A}$ 上与 $D$ 相容的全等关系, 即满足下列条件: 对任意 $a, b, a', b' \in A$, 对任意 $i, j \in \mathbb{N}$,

(g1) $\langle a, a \rangle \in g(i)$,

(g2) $\langle a, b \rangle \in g(i) \Rightarrow \langle b, a \rangle \in g(i)$,

(g3) $\langle a, b \rangle, \langle b, c \rangle \in g(i) \Rightarrow \langle a, c \rangle \in g(i)$,

(g4) $\langle a, b \rangle \in g(i) \Rightarrow \langle \sim a, \sim b \rangle \in g(i)$,

(g5) $\langle a, a' \rangle, \langle b, b' \rangle \in g(i) \Rightarrow \langle a \supset b, a' \supset b' \rangle \in g(i)$,

(g6) $\langle a, a' \rangle, \langle b, b' \rangle \in g(i) \Rightarrow \langle a \approx_j b, a' \approx_j b' \rangle \in g(i)$, (g7) $\langle a,b\rangle \in g(i) \Rightarrow (a\in D \Leftrightarrow b\in D)$；

(3) $D\subseteq A$ 且满足下列条件：对任意 $a,b\in A$，对任意 $i,j\in\mathbb{N}$，

(D1) $\sim a\in D \Leftrightarrow a\notin D$，

(D2) $a\supset b\in D \Leftrightarrow a\notin D$ 或 $b\in D$，

(D3) $\leqslant_{ij}\in D \Leftrightarrow g(i)\subseteq g(j)$，

(D4) $a\approx_i b\in D \Leftrightarrow \langle a,b\rangle\in g(i)$。

所有 cHIL 模型构成的类记作 Mod(cHIL)。

**定义 7.17** (cHIL 语义)　令 $M=\langle\mathfrak{A},g,D\rangle$ 为一个 cHIL 模型，则有：

(1) 称 $v$ 为一个 *M* 赋值，当且仅当 $v$ 是一个从 $\mathcal{L}$ 到 $\mathfrak{A}$ 的同态映射，即满足下列条件：对任意 $A,B\in Fm$，对任意 $i,j\in\mathbb{N}$，

(v1) $v(\preceq_{ij})=\leqslant_{ij}$，

(v2) $v(\neg A)=\sim v(A)$，

(v3) $v(A\to B)=v(A)\supset v(B)$，

(v4) $v(A\equiv_i B)=v(A)\approx_i v(B)$。

(2) 称公式 $A$ 在模型 $M$ 中被赋值 *v满足*，如果 $v(A)\in D$，记作 $M,v\models A$。*语义后承* $\Phi\vDash A$ 如通常定义。

**定理 7.4** (cHIL 的可靠性与完全性)　cHIL 公理系统相对 Mod(cHIL) 是可靠的与完全的，即有 $\vdash A \Leftrightarrow \vDash A$，对任意 $A\in Fm$。

证明　(⇒)　(A1)~(A3) 和 (R1) 的验证显然。下面验证 (A4)~(A11) 和 (R2)。

(A4) 对任意 $i\in\mathbb{N}$，据 (g1) $\langle v(A),v(A)\rangle\in g(i)$，故 $v(A\equiv_i A)=v(A)\approx_i v(A)\in D$，即 $M,v\models A\equiv_i A$。

(A5) 设 $M,v\models A\equiv_i B$，则 $v(A\equiv_i B)=v(A)\approx_i v(B)\in D$，故 $\langle v(A),v(B)\rangle\in g(i)$，据 (g2) 有 $\langle v(B),v(A)\rangle\in g(i)$，所以 $v(B\equiv_i A)=v(B)\approx_i v(A)\in D$，即 $M,v\models B\equiv_i A$，故 $M,v\models A\equiv_i B\to B\equiv_i A$。

(A6) 设 $M,v\models A\equiv_i B$，$M,v\models B\equiv_i C$，则 $v(A\equiv_i B)=v(A)\approx_i v(B)$，$v(B\equiv_i C)=v(B)\approx_i v(C)\in D$，故 $\langle v(A),v(B)\rangle$，$\langle v(B),v(C)\rangle\in g(i)$，据 (g3) 有 $\langle v(A),v(C)\rangle\in g(i)$，所以 $v(A\equiv_i C)=v(A)\approx_i v(C)\in D$，即

$M,v \models A \equiv_i C$, 故 $M,v \models A \equiv_i B \to (B \equiv_i C \to A \equiv_i C)$。

(A7) 设 $M,v \models A \equiv_i B$, 则 $v(A \equiv_i B) = v(A) \approx_i v(B) \in D$, 故 $\langle v(A), v(B) \in g(i)\rangle$, 据 (g4) 有 $\langle \sim v(A), \sim v(B)\rangle \in g(i)$, 所以$v(\neg A \equiv_i \neg B) = \sim v(A) \approx_i \sim v(B) \in D$, 即 $M,v \models \neg A \equiv_i \neg B$, 故$M,v \models A \equiv_i B \to \neg A \equiv_i \neg B$。

(A8) 设$M,v \models A \equiv_i A'$, $M,v \models B \equiv_i B'$, 则 $v(A \equiv_i A') = v(A) \approx_i v(A')$, $v(B \equiv_i B') = v(B) \approx_i v(B') \in D$, 故 $\langle v(A), v(A')\rangle$, $\langle v(B), v(B')\rangle \in g(i)$, 据 (g5) 有 $\langle v(A) \supset v(B), v(A') \supset v(B')\rangle \in g(i)$, 所以 $v((A \to) \equiv_i (A' \to B')) = (v(A) \supset v(B)) \approx_i (v(A') \supset v(B')) \in D$, 即 $M,v \models (A \to B) \equiv_i (A' \to B')$, 故 $M,v \models A \equiv_i A' \to (B \equiv B' \to (A \to B) \equiv_i (A' \to B'))$。

(A9) 设$M,v \models A \equiv_i A'$, $M,v \models B \equiv_i B'$, 则 $v(A \equiv_i A') = v(A) \approx_i v(A') \in D$, $v(B \equiv_i B') = v(B) \approx_i v(B') \in D$, 故$\langle v(A), v(A')\rangle$, $\langle v(B), v(B')\rangle \in g(i)$, 据(g6)有$\langle v(A) \approx_j v(B), v(A') \approx_j v(B')\rangle \in g(i)$, 所以$v((A \equiv_j B) \equiv_i (A' \equiv_j B')) = (v(A) \approx_j v(B)) \approx_i (v(A') \approx_j v(B')) \in D$, 即 $M,v \models (A \equiv_j B) \equiv_i (A' \equiv_j B')$, 故$M,v \models A \equiv_i A' \to (B \equiv_i B' \to (A \equiv_j B) \equiv_i (A' \equiv_j B'))$。

(A10) 设 $M,v \models A \equiv_i B$, 则 $v(A \equiv_i B) = v(A) \approx_i v(B) \in D$, 故 $\langle v(A), v(B)\rangle \in g(i)$, 据 (g7) 有 $v(A), v(B) \in D$ 或 $v(A), v(B) \notin D$, 据 (D2)$v(A) \supset v(B) \in D$, 故 $M,v \models A \to B$, 所以 $M,v \models A \equiv_i B \to (A \to B)$。

(A11) 设 $M,v \models i \preceq j$, $M,v \models A \equiv_i B$, 则 $v(i \preceq j) = \leqslant_{ij} \in D$, $v(A) \approx_i v(B) \in D$, 据 (D3) 有 $g(i) \subseteq g(j)$, 据 (D4) 有 $\langle v(A), v(B)\rangle \in g(i)$, 从而 $\langle v(A), v(B)\rangle \in g(j)$, 再据 (D4) 有 $v(A) \approx_j v(B) \in D$, 故 $M,v \models A \equiv_j B$, 所以 $M,v \models i \preceq j \to (A \equiv_i B \to A \equiv_j B)$。

(R2) 设 $\vDash \{A \equiv_i B \to A \equiv_j B \mid A, B \in Fm\}$, 要证 $\vDash i \preceq j$。对任意 $M = \langle \mathfrak{A}, g, D\rangle \in \mathrm{Mod(cHIL)}$, 其中 $\mathfrak{A} = \langle A, \{\leqslant_{ij}\}_{i,j\in\mathbb{N}}, \sim, \supset, \{\approx_i\}_{i\in\mathbb{N}}\rangle$。对任意 $M$ 赋值 $v$, 只需证 $g(i) \subseteq g(j)$。对任意 $\langle a, b\rangle \in g(i)$, 存在 $M$ 赋值 $v'$ 和原子公式 $p, q$ 使得 $v'(p) = a$, $v'(q) = b$。因为 $\langle a, b\rangle \in g(i)$, 故 $a \approx_i b \in D$, 即有 $v'(p \equiv_i q) \in D$, 据题设有 $v'(p \equiv_j q) \in D$, 故 $a \approx_j b \in D$, 即有 $\langle a, b\rangle \in g(j)$。

由 $\langle a,b\rangle$ 的任意性可知，$g(i)\subseteq g(j)$。

($\Leftarrow$) 设若 $\nvdash A$，则存在极大一致集 $\Psi$ 使得 $\neg A\in\Psi$。定义 $Fm$ 上的关系 $\sim_\Psi$：对任意 $A,B\in Fm$，

$$A\sim_\Psi B\Leftrightarrow\forall i\in\mathbb{N}:A\equiv_i B\in\Psi$$

据公理 (A4), (A5) 和 (A6)，对任意 $A,B\in Fm$，对所有 $i\in\mathbb{N}$，有 $A\equiv_i A$, $A\equiv_i B\to B\equiv_i A$, $A\equiv_i B\to(B\equiv_i C\to A\equiv_i C)\in Th(\text{cHIL})$，从而据 $\sim_\Psi$ 的定义知其满足自返性、对称性和传递性，故 $\sim_\Psi$ 为 $Fm$ 上的等价关系。然后证明，若 $A\sim_\Psi B$ 且 $A\in\Psi$ 则 $B\in\Psi$。设 $A\sim_\Psi B$, $A\in\Psi$。据定义有，对任意 $i\in\mathbb{N}$, $A\equiv_i B\in\Psi$，因为 $\vdash A\equiv_i B\to(A\to B)$, $A\to B\in\Psi$，因为 $A\in\Psi$，有 $B\in\Psi$。

记 $Fm$ 中每个元素 $A$ 相对于 $\sim_\Psi$ 构成的等价类为 $|A|$，所有这些等价类构成的集合记为 $A$，记所有 $\Psi$ 中元素的等价类构成的集合为 $D$。对任意 $i,j\in\mathbb{N}$，分别定义$A$上的零元运算$\leqslant_{ij}$，一元运算$\sim$，二元运算$\supset$和$\approx_i$如下：

$$\leqslant_{ij}=_{df}|\preceq_{ij}|,\sim|A|=_{df}|\neg A|,|A|\supset|B|=_{df}|A\to B|,|A|\approx_i|B|=_{df}|A\equiv_i B|$$

首先验证上述定义是合理的，即定义项与被定义项的代表元选取无关。

设 $A\sim_\Psi A'$，则对所有 $i\in\mathbb{N}$，有 $A\equiv_i A'\in\Psi$，据公理 (A7)，对所有 $i\in\mathbb{N}$, $\neg A\equiv_i\neg A'\in\Psi$，从而 $\neg A\sim_\Psi\neg A'$，故 $|\neg A|=|\neg A'|$。

设 $A\sim_\Psi A'$, $B\sim_\Psi B'$，则对所有 $i\in\mathbb{N}$，有 $A\equiv_i A'$, $B\equiv_i B'\in\Psi$，据公理(A8)，对所有$i\in\mathbb{N}$，有$(A\to B)\equiv_i(A'\to B')\in\Psi$，从而$(A\to B)\sim_\Psi(A'\to B')$，故 $|A\to B|=|A'\to B'|$。

设 $A\sim_\Psi A', B\sim_\Psi B'$，则对所有 $j\in\mathbb{N}$，有 $A\equiv_j A', B\equiv_j B'\in\Psi$，据公理(A9)，对所有$i,j\in\mathbb{N}$，有$(A\equiv_i B)\equiv_j(A'\equiv_i B')$，从而$(A\equiv_i B)\sim_\Psi(A'\equiv_i B')$，故 $|A\equiv_i B|=|A'\equiv_i B'|$。

其次证明 $\mathfrak{A}=\langle A,\{\leqslant_{ij}\}_{i,j\in\mathbb{N}},\sim,\supset,\{\approx_i\}_{i\in\mathbb{N}}\rangle$ 为一个 cHIL 代数。对任意 $|A|,|B|,|C|\in A$，有 $A,B,C\in Fm$。因为 $\mathcal{L}=\langle Fm,\{\preceq_{ij}\}_{i,j\in\mathbb{N}},,\neg,\to,\{\equiv_i\}_{i\in\mathbb{N}}\rangle$ 是一个代数，所以对任意 $i,j\in\mathbb{N}$，有 $\preceq_{ij}$, $\neg A$, $A\to B$, $A\equiv_i B\in Fm$，故 $|\preceq_{ij}|$, $|\neg A|$, $|A\to B|$, $|A\equiv_i B|\in A$，从而据上述 $\sim$, $\supset$, $\approx$ 的定义，$\leqslant_{ij}$,

$\sim |A|, |A| \supset |B|, |A| \approx_i |B| \in A$，即 $A$ 对这些运算保持封闭，故 $\mathfrak{A} = \langle A, \{\leqslant_{ij}\}_{i,j\in\mathbb{N}}, \sim, \supset, \{\approx_i\}_{i\in\mathbb{N}}\rangle$ 为一个 cHIL 代数。

再次定义 $A$ 上的函数 $g$ 为：对任意 $i \in \mathbb{N}$，$g(i) \subseteq A \times A$ 使得对任意 $|A|, |B| \in A$，

$$\langle |A|, |B|\rangle \in g(i) \Leftrightarrow A \equiv_i B \in \Psi$$

易验证该定义是合理的，即定义项与被定义项的代表元选取无关。下面验证上面定义的 $D$ 满足 (D1)~(D4)。对任意 $|A|, |B| \in A$，对任意 $i, j \in \mathbb{N}$，

(D1) $\sim |A| \in D \Leftrightarrow |\neg A| \in D \Leftrightarrow \neg A \in \Psi \Leftrightarrow A \notin \Psi \Leftrightarrow |A| \notin D$。

(D2) $|A| \supset |B| \in D \Leftrightarrow |A \to B| \in D \Leftrightarrow A \to B \in \Psi \Leftrightarrow A \notin \Psi$或$B \in \Psi \Leftrightarrow |A| \notin D$或$|B| \in D$。

(D3) $\leqslant_{ij} \in D, \langle |A|, |B|\rangle \in g(i) \Rightarrow |\preceq_{ij}| \in D, A \equiv_i B \in \Psi \Rightarrow \preceq_{ij} \in \Psi, A \equiv_i B \in \Psi \Rightarrow A \equiv_j B \in \Psi \Rightarrow \langle |A|, |B|\rangle \in g(j)$。故 $\leqslant_{ij} \in D \Rightarrow g(i) \subseteq g(j)$。

$g(i) \subseteq g(j) \Rightarrow \forall A, B \in Fm : \langle |A|, |B|\rangle \in g(i) \Rightarrow \langle |A|, |B|\rangle \in g(j) \Rightarrow \forall A, B \in Fm : A \equiv_i B \in \Psi \Rightarrow A \equiv_j B \in \Psi \Rightarrow \{A \equiv_i B \to A \equiv_j B \mid A, B \in Fm\} \subseteq \Psi \Rightarrow \preceq_{ij} \in \Psi \Rightarrow |\preceq_{ij}| \in D \Rightarrow \leqslant_{ij} \in D$。故 $\leqslant_{ij} \in D \Leftrightarrow g(i) \subseteq g(j)$。

(D4) $|A| \approx_i |B| \in D \Leftrightarrow A \equiv_i B \in \Psi \Leftrightarrow \langle |A|, |B|\rangle \in g(i)$。

下面验证对任意 $i \in \mathbb{N}$，$g(i)$ 是 $\mathfrak{A}$ 上与 $D$ 相容的全等关系。对任意 $|A|$, $|B|$, $|A'|$, $|B'| \in A$，对任意 $i, j \in \mathbb{N}$，

(g1) $|A| = |B| \Rightarrow A \equiv_i B \in \Psi \Rightarrow \langle |A|, |B|\rangle \in g(i)$。

(g2) $\langle |A|, |B|\rangle \in g(i) \Rightarrow A \equiv_i B \in \Psi \Rightarrow B \equiv_i A \in \Psi \Rightarrow \langle |B|, |A|\rangle \in g(i)$。

(g3) $\langle |A|, |B|\rangle, |B| = |B'|, \langle |B'|, |C|\rangle \in g(i) \Rightarrow A \equiv_i B, B \equiv_i B', B' \equiv_i C \in \Psi \Rightarrow A \equiv_i C \in \Psi \Rightarrow \langle |A|, |C|\rangle \in g(i)$。

(g4) $\langle |A|, |B|\rangle \in g(i) \Rightarrow A \equiv_i B \in \Psi \Rightarrow \neg A \equiv_i \neg B \in \Psi \Rightarrow \langle \sim |A|, \sim |B|\rangle \in g(i)$。

(g5) $\langle |A|, |A'|\rangle, \langle |B|, |B'|\rangle \in g(i) \Rightarrow A \equiv_i A', B \equiv_i B' \in \Psi \Rightarrow (A \to B) \equiv_i (A' \to B') \in \Psi \Rightarrow \langle |A| \supset |B|, |A'| \supset |B'|\rangle \in g(i)$。

(g6) $\langle |A|, |A'|\rangle, \langle |B|, |B'|\rangle \in g(j) \Rightarrow A \equiv_j A', B \equiv_j B' \in \Psi \Rightarrow (A \equiv_i B) \equiv_j (A' \equiv_i B') \in \Psi \Rightarrow \langle |A| \approx_i |B|, |A'| \approx_i |B'|\rangle \in g(j)$。

(g7) $\langle |A|, |B| \rangle \in g(i) \Rightarrow A \equiv_i B \in \Psi, B \equiv_i A \in \Psi \Rightarrow A \to B \in \Psi, B \to A \in \Psi \Rightarrow (A \in \Psi \Leftrightarrow B \in \Psi)$。

据以上证明可知 $M = \langle \mathfrak{A}, g, D \rangle$ 是一个 cHIL 模型。最后定义从 $Fm$ 到 $A$ 的映射 $v$ 为：对任意 $A \in Fm$, $v(A) = |A|$。下面验证 $v$ 是一个 $M$ 赋值。

(v1) $v(\preceq_{ij}) = |\preceq_{ij}| = \leqslant_{ij}$。

(v2) $v(\neg A) = |\neg A| = \sim |A| = \sim v(A)$。

(v3) $v(A \to B) = |A \to B| = |A| \supset |B| = v(A) \supset v(B)$。

(v4) $v(A \equiv_i B) = |A \equiv_i B| = |A| \approx_i |B| = v(A) \approx_i v(B)$。

对任意 $F \in \Psi$, $v(F) = |F| \in D$, 从而 $M, v \models \Psi$, 即有 $M, v \models \neg A$, 矛盾于 $\models A$, 故 $\vdash A$。 □

### 7.3.4 带类型的语境超内涵逻辑

上述逻辑只考察了语句类型，但其思想也可以扩展至更丰富的类型。给定基本类型集 $\mathcal{B}$, 类型集 $\mathcal{T}$ 定义为

$$\tau ::= b \mid \langle \tau_1 \cdots \tau_n \rangle$$

其中 $b \in \mathcal{B}$.

对每个类型 $\alpha \in \mathcal{T}$, 令 $\mathcal{L}_\alpha$ 为所有具有 $\alpha$ 类型的常元，令 $\mathcal{V}_\alpha$ 为所有具有类型 $\alpha$ 的变元，令 $\mathcal{V} = \bigcup_{\alpha \in \mathcal{T}} \mathcal{V}_\alpha$。令 $C$ 为所有语境构成的集合。

外延函数 $E : C \times \bigcup\{D_\alpha \mid \alpha \in \mathcal{T}\}$ 满足 $E(c, d) \subseteq D_{\alpha_1} \times \cdots \times D_{\alpha_n}$, 其中 $d \in D_{\langle \alpha_1 \cdots \alpha_n \rangle}$。

**定义 7.18** 称 $\langle D, C, I, E \rangle$ 为 $\mathcal{L}$ 的内涵模型，若

(1) $E(c, I(s, \bot)) = 0$;

(2) $E(c, I(s, AB)) = \{\vec{d} \mid \langle I(s, B), \vec{d} \rangle \in E(c, I(s, A))\}$;

(3) $E(c, I(s, \lambda x_\alpha . A)) = \{\langle d, \vec{d} \rangle \mid d \in D_\alpha \text{ 且} \langle \vec{d} \rangle \in E(c, I(s[x := d], A))\}$;

(4) $E(c, I(s, A \to B)) = 1 \Leftrightarrow E(c, I(s, A)) \subseteq E(c, I(s, B))$;

(5) $E(c, I(A \doteq B)) = 1 \Leftrightarrow I(s, A) = I(s, B)$。

### 7.3.5 语境作为范畴的超内涵逻辑

上述逻辑都是在集合范畴中讨论的，因此尽管不同语境有不同的内涵同

一标准，但底层的逻辑仍然是相同的。更一般的，我们可以考虑将不同语境看作不同的范畴. 这样一来，不同语境下还可以有不同的底层逻辑，而这些不同逻辑又在一个更大的范畴下得到统一。

# 第 8 章

# 极小内涵逻辑

自从 Montague (1973) 在自然语言形式化方面的开创性工作，运用范畴语法和类型逻辑表示自然语言成为组合性语义的主要逻辑方法，① 该方法运用于英语和其他相似语言颇为成功，但当运用于与英语差异较大的语言时，则不那么成功。这导致了一些替代性方法的产生，如基于词汇功能语法的线性逻辑黏合 (glue by linear logic)(Dalrymple 等, 1993; Kokkonidis, 2007)、极小递归语义 (minimal recursion semantics)(Copestake 等, 2005)、基于预群语法的二分类谓词逻辑 (two-sorted predicate logic)(Preller, 2007)，以及不带函子和运算元的无类型逻辑 (type free logic without functors and operands)(Erdélyi-Szabó等, 2008) 等。这些方法在语义表征上的共同特征是：

(1) 更独立于自然语言的语法：语义表征可以应用于不同的语法。

(2) 更扁平的类型与阶：与 Montague 的概括至最差情形的思路 (通常产生更高阶的类型) 不同，尽可能少使用高阶类型。

(3) 非确定性语义 (underspecified semantics)：语义表征更加灵活，保留语义歧义。

① 参见 Morril, 1994; Moortgat, 1997; Carpenter, 1997。

本章的研究思路与该进路类似，但走得更远。我们不对任何特定的自然语言给出形式语义，而是对一种由德国语言学家 Gil (2005) 提出的某种假设性语言 IMA (isolating-monocategorial-associational) 进行形式化。该语言具有如下特点：

(1) 形态孤立的 (morphologically isolating)：词汇内部没有形态结构。

(2) 句法单一范畴的 (syntactically monocategorial)：没有严格区分的句法范畴。

(3) 语义关联的 (semantically associational)：没有严格的语义解释规则，复合表达式的意义仅以非特定方式与其组成部分的意义相关。

这样，IMA 语言可以看成是自然语言在语法和语义上限制最少的原型语言。通过对该语言进行形式化，我们试图揭示自然语言在语义组合上的普遍机制，并对组合性语义提供一个最一般的框架。由此，任何特定的自然语言都可以通过在该框架上增加限制条件得到。我们称其为极小主义方法，类似于 Chomsky (1995) 在语法研究上的极小主义进路。

本章结构如下：首先，我们简述 IMA 语言的特征和意义；其次，我们对 IMA 语言给出一个极小逻辑，包括句法、语义和证明系统，并证明其可靠性和完全性。最后，我们在不同动机下给出该极小逻辑的若干扩充。

## 8.1 作为原型的 IMA 语言

IMA 语言的第一个性质 —— 形态孤立性，意味着其词汇上的结构减少到了最低程度。与其他两个性质相比，形态孤立性对于自然语言并不陌生。众所周知，像越南语和汉语这样的孤立语，与俄语这样的综合语以及 Mohawk 这样的多态综合语相比，其词语内部的形态结构要少得多。尽管我们尚未发现有某种自然语言是纯粹的孤立语，但可以想象这种并不乏表达力的纯孤立语的存在。

IMA 语言的第二个性质 —— 句法单一范畴性，意味着其句子结构减少到了最低程度。通常认为句法范畴普遍存在于自然语言。特别的，没有一种自然语言被发现是纯存单一范畴的。但不同自然语言的句法范畴的多少却有差异。有些自然语言与其他自然语言相比，其明确可分的范畴要少得多。例如，汉语中的很多形容词可以不加变化的用作名词。有学者发现，在 Munda 和 Austronesian 语中缺少名词和动词的区分 (Labelle, 2005)。这表明，经由句法范畴获得语义的机制并没有那么普遍。

IMA 语言的第三个性质 —— 语义关联性，意味着其语义上的规定减少到了最低程度。由于不同自然语言的语义角色和特征千差万别，在听到一门外语时，对其意义最接近的猜测就是认为其复合表达式的意义与其组织部分的意义相关。我们假定这是一个一般的语义规则。更具体的规则可以在此规则的基础上具体化。

Gil (2005) 认为，IMA 语言在如下 5 个方面具有重要意义：

(1) 系统发生学：从进化史的观点看，人类早期语言可认为是 IMA 语言。

(2) 个体发生学：从个体发展的观点看，婴儿的早期语言可认为是 IMA 语言。

(3) 符号学：有些人工语言是 IMA 语言 (如路标)。

(4) 类型学：有些自然语言如 Riau 印尼语非常接近于 IMA 语言。

(5) 认知科学：IMA 语言可看作是人类一般认知的原型。

对 Gil 的这些观点我们不作评论。由于 IMA 语言在句法和语义上具有极简性，因此它是对组合性语义采取极小主义进路的一个很好的出发点。

## 8.2 IMA 语言的逻辑

### 8.2.1 形式句法

**定义 8.1** 给定一集原子项 $\mathcal{A}$, $\mathcal{L}_{\mathrm{IMA}}$ 的合式表达式由如下 BNF 规则生成：

$$t ::= a \mid (t_1 \cdots t_n)$$

其中 $a \in \mathcal{A}$, $n \geqslant 2$.

记所有项 $t$ 构成的集合为 $\mathcal{T}$.，称非原子项为*复合项*。原子项用来表示

IMA 语言中的词，复合项表示词的串接，用来模拟 IMA 语言的孤立性和单一范畴性，即将该语言的语法减少到最低程度。

注意到上述复合项中的 $n$ 并不是常数，而是变元。如果我们用算子从原子项构造复合项，那么该算子的论元数不是固定的，而是可变的。这与通常的形式语言的句法相当不同，在那里，构成复合表达式的算子的论元数都是固定的。从传统的观点看，$\mathcal{L}_{\text{IMA}}$ 相当于有无穷多个构成复合表达式的算子，对每一个 $n \geqslant 2$，都有一个论元数为 $n$ 的算子。

根据 $\mathcal{L}_{\text{IMA}}$ 的句法，$(ab)c$, $a(bc)$ 和 $abc$ 是不同的项。一种替代性的更简单的句法是按照如下方式构造复合项：

$$t ::= a \mid (t_1 t_2)$$

即复合项都由二元串接构成。不过，这种句法对于 IMA 语言而言过于严格了，像 $abc$ 这样的三元串接在该语法中只能表示为 $(ab)c$ 或 $a(bc)$，而后两者是有区别的。尽管我们可以在语义上添加意义公设，使 $(ab)c$ 和 $a(bc)$ 具有相同意义，但这样一来又过于宽泛了，因为有时它们确实又是不同的。为此，我们仍然采用最初论元数可变的句法定义，而不采用这种二元性方案。

### 8.2.2 形式语义

IMA 语言的单一范畴性决定了该语言在语义上也只有一个类型。因此，经典谓词逻辑的由个体和关系构成的模型不再适用于 IMA 语言。为解释 $\mathcal{L}_{\text{IMA}}$，我们假定模型的论域由意义构成。意义的复合由一个论元数可变的关系 $R$ 来完成，$Rxx_1 \cdots x_n$ 意指：意义 $x$ 由意义 $x_1, \cdots, x_n$(按此顺序) 复合而成，或意义 $x$ 可分解为意义 $x_1, \cdots, x_n$(按此顺序)。原子项的解释为其所具有的所有可能的意义的集合。复合项的解释为可由其组成部分的意义经过 $R$ 复合得到的所有意义的集合。下面是形式定义。

**定义 8.2** $\mathcal{L}_{\text{IMA}}$ 的模型为三元组 $\mathfrak{M} = \langle M, R, I \rangle$，其中

(1) $M \neq \emptyset$，由所有意义实体构成；

(2) $R \subseteq \bigcup\limits_{n \geqslant 3} M^n$，称为意义复合/分解关系；

(3) $I : \mathcal{A} \to \wp(M)$，称为指派，将每个原子项解释为一个 $M$ 的子集。

**定义 8.3** 给定 $\mathcal{L}_{\text{IMA}}$ 的模型 $\mathfrak{M}=\langle M,R,I\rangle$，项 $t$ 在 $\mathfrak{M}$ 下的解释 (记作 $|t|^{\mathfrak{M}}$) 定义如下：

$$|a|^{\mathfrak{M}}=I(a),\ 若a\in\mathcal{A},$$

$$|t_1\cdots t_n|^{\mathfrak{M}}=\{x\in M\mid \exists x_1\cdots x_n(Rxx_1\cdots x_n\wedge\bigwedge_{i=1}^{n}x_i\in|t_i|^{\mathfrak{M}})\}$$

语义后承一般定义为保真，此处我们定义为意义包含关系。

**定义 8.4** 给定一对项 $(t,s)$，称 $s$ 可从 $t$ 语义衍推 (记作 $t\vDash s$)，若对 $\mathcal{L}_{\text{IMA}}$ 的任意模型 $\mathfrak{M}$：$|s|^{\mathfrak{M}}\subseteq|t|^{\mathfrak{M}}$。

即 $t\vDash s$ 的直观含义是：$s$ 的意义已经包含于 $t$ 的意义之中。

### 8.2.3 证明系统

**定义 8.5** 我们给出 $\mathcal{L}_{\text{IMA}}$ 的 Gentzen 式演算如下:

公理： $$(\text{id})\frac{}{t\vdash t}$$

推演规则： $$(\text{R1})\frac{t_i\vdash s_i,\ \text{for}\ 1\leqslant i\leqslant n}{t_1\cdots t_n\vdash s_1\cdots s_n}$$

$$(\text{R2})\frac{t\vdash u\quad u\vdash s}{t\vdash s}$$

以下引理将用于证明系统的完全性。

**引理 8.1** $\exists s_1\cdots s_n(s_1\cdots s_n\vdash s\wedge\bigwedge_{i=1}^{n}t_i\vdash s_i)$ 当且仅当 $t_1\cdots t_n\vdash s$。

证明 从左至右的方向直接运用两个推演规则即可得到。反方向，令 $s_i=t_i$ 即证。

□

**引理 8.2** (R2) 规则可消去。

证明 如通常所证：施归纳于 cut 度。详细证明留给读者完成。

□

由于 (R2) 规则可消去，而 (R1) 规则具有子公式性质，因此有下面的定理。

**定理 8.1** $\mathcal{L}_{\text{IMA}}$ 是可判定的。

实际上，不难发现，$\mathcal{L}_{\text{IMA}}$ 的所有有效推理均为 $t\vdash t$ 的特例。

### 8.2.4 可靠性与完全性

完全性如通常一样通过构造典范模型来证明。不过此处典范模型的论域不再由极大一致集构成，而是由所有的项构成，类似于 Lindenbaum-Tarski 代数的构造。

**定义 8.6** $\mathcal{L}_{\text{IMA}}$ 的典范模型 $\mathfrak{M}^c = \langle M^c, R^c, I^c \rangle$ 定义如下:

(1) $M^c = \mathcal{T}$;

(2) $R^c t t_1 \cdots t_n$ 当且仅当$t_1 \cdots t_n \vdash t$, 对 $n \geqslant 2$;

(3) $I^c(a) = \{t \in \mathcal{T} \mid a \vdash t\}$, 对 $a \in \mathcal{A}$。

**引理 8.3** 对任意项 $t, s$, $s \in |t|^{\mathfrak{M}^c}$ 当且仅当 $t \vdash s$。

证明 施归纳于 $t$ 的构造。

情况 1 $t = a \in \mathcal{A}$。此时有 $s \in |t|^{\mathfrak{M}^c}$ 当且仅当 $s \in I^c(a) = \{x \mid a \vdash x\}$ 当且仅当 $a \vdash s$ 当且仅当 $t \vdash s$。

情况 2 $t = t_1 \cdots t_n$。此时有 $s \in |t|^{\mathfrak{M}^c}$ 当且仅当 $s \in |t_1 \cdots t_n|^{\mathfrak{M}^c}$ 当且仅当 $s \in \{x \mid \exists s_1 \cdots s_n (R^c x s_1 \cdots s_n \wedge \bigwedge_{i=1}^{n} s_i \in |t_i|^{\mathfrak{M}^c})\}$ 当且仅当 $\exists s_1 \cdots s_n (R^c s s_1 \cdots s_n \wedge \bigwedge_{i=1}^{n} s_i \in |t_i|^{\mathfrak{M}^c})$ 当且仅当 $\exists s_1 \cdots s_n (s_1 \cdots s_n \vdash s \wedge \bigwedge_{i=1}^{n} t_i \vdash s_i)$ 当且仅当 $t_1 \cdots t_n \vdash s$ 当且仅当 $t \vdash s$, 其中第 4 个“当且仅当”由归纳假设得到, 第 5 个“当且仅当”由引理 8.1 得到。

□

**定理 8.2** $\mathcal{L}_{\text{IMA}}$ 的证明系统相对于其语义是可靠和完全的, 即对任意项 $t, s$, $t \vdash s$ 当且仅当 $t \vDash s$。

证明 可靠性如通常验证。对于完全性, 假设 $t \nvdash s$。由引理 8.3 有, $s \notin |t|^{\mathfrak{M}^c}$。因为 $s \vdash s$, 故由引理 8.3 有, $s \in |s|^{\mathfrak{M}^c}$。由此可得, $|s|^{\mathfrak{M}^c} \not\subseteq |t|^{\mathfrak{M}^c}$, 所以 $t \nvDash s$。

□

# 8.3 IMA 逻辑的扩充

## 8.3.1 增加对 $R$ 的限制

如下是对 $R$ 的可能限制和相对应的公理 (详细证明留给读者完成):

| 限制 | 公理 |
|---|---|
| (C1) $Rxyz \wedge Ryuv \to Rxuvz$ | (A1) $t_1t_2t_3 \vdash (t_1t_2)t_3$ |
| (C2) $Rxyz \wedge Rzuv \to Rxyuv$ | (A2) $t_1t_2t_3 \vdash t_1(t_2t_3)$ |
| (C3) $Rxyz \to Rxzy$ | (A3) $t_1t_2 \vdash t_2t_1$ |

## 8.3.2 增加功能词

尽管不同语言的句法范畴千差万别, 但内容词与功能词的区分却似乎是普遍的, 这一点也得到了神经科学证据的支持 (Carroll, 2007). 功能词在句法上可以用函数符号来表示, 在语义上解释为意义集上的函数。不同的功能词有不同的限制条件, 这里我们只给出功能词的形式化, 不具体给出关于它们的限制条件。

**定义 8.7** 给定一集原子项 $\mathcal{A}$ 和一集函数符号 $\mathcal{F}$ 使得 $\mathcal{A} \cap \mathcal{F} = \emptyset$, 定义带函数符号的 IMA语言$\mathcal{L}_{\mathrm{IMAF}}$ 如下:

$$t ::= a \mid (t_1 \cdots t_n) \mid ft_1 \cdots t_{r(f)}$$

其中, $a \in \mathcal{A}$ 且 $f \in \mathcal{F}$, $f$ 的论元数为 $r(f)$。

**定义 8.8** $\mathcal{L}_{\mathrm{IMAF}}$ 的模型为三元组 $\mathfrak{M} = \langle M, R, I\rangle$, 其中

(1) $M \neq \emptyset$, 由意义实体构成;

(2) $R \subseteq \bigcup_{n\geqslant 3} M^n$, 称为意义复合/分解关系;

(3) $I : \mathcal{A} \cup \mathcal{F} \to \wp(M)$, 称为指派, 将每个原子项映射为 $M$ 的子集, 将每个函数符号 $f$ 映射为函数: $f^{\mathfrak{M}} : M^{r(f)} \to \wp(M)$。

**定义 8.9** 给定 $\mathcal{L}_{\mathrm{IMAF}}$ 的模型 $\mathfrak{M} = \langle M, R, I\rangle$, 项 $t$ 在模型 $\mathfrak{M}$ 下的解释

(记作 $|t|^{\mathfrak{M}}$) 定义如下：

$$|a|^{\mathfrak{M}} = I(a), \text{ 对} a \in \mathcal{A},$$

$$|t_1 \cdots t_n|^{\mathfrak{M}} = \{x \in M \mid \exists x_1 \cdots x_n (Rxx_1 \cdots x_n \wedge \bigwedge_{i=1}^{n} x_i \in |t_i|^{\mathfrak{M}})\}$$

$$|ft_1 \cdots t_{r(f)}|^{\mathfrak{M}} = \bigcup_{x_i \in |t_i|} f^{\mathfrak{M}}(x_1, \cdots, x_{r(f)})$$

**定义 8.10**　$\mathcal{L}_{\mathrm{IMAF}}$ 的证明系统由 $\mathcal{L}_{\mathrm{IMA}}$ 的证明系统添加如下推理规则得到：

$$(\mathrm{R3})\frac{t_i \vdash s_i, \text{ 对} 1 \leqslant i \leqslant r(f)}{ft_1 \cdots t_{r(f)} \vdash fs_1 \cdots s_{r(f)}}$$

**定义 8.11**　$\mathcal{L}_{\mathrm{IMAF}}$ 的典范模型 $\mathfrak{M}^c = \langle M^c, R^c, I^c \rangle$ 由 $\mathcal{L}_{\mathrm{IMA}}$ 的典范模型增加如下条件得到：

- $I^c(f) = f^{\mathfrak{M}^c} : s_1, \cdots, s_{r(f)} \mapsto \{s \mid fs_1 \cdots s_{r(f)} \vdash s\}$

**引理 8.4**　对任意项 $t, s$，$s \in |t|^{\mathfrak{M}^c}$ 当且仅当 $t \vdash s$。

证明　施归纳于 $t$ 的结构。前两种情况如前所证。

情况 3　$t = ft_1 \cdots t_{r(f)}$。此时 $s \in |t|^{\mathfrak{M}^c}$ 当且仅当 $s \in |ft_1 \cdots t_{r(f)}|^{\mathfrak{M}^c}$ 当且仅当

$$\exists s_1 \cdots s_{r(f)} (s \in f^{\mathfrak{M}^c}(s_1, \cdots, s_{r(f)}) \wedge \bigwedge_{i=1}^{r(f)} s_i \in |t_i|)$$

当且仅当

$$\exists s_1 \cdots s_{r(f)} (fs_1 \cdots s_{r(f)} \vdash s \wedge \bigwedge_{i=1}^{r(f)} t_i \vdash s_i)$$

当且仅当 $t \vdash s$，其中第 3 个"当且仅当"由归纳假设得到，最后一个"当且仅当"的从左至右方向由规则 (R3) 和 (R2) 得到，另一个方向通过令 $s_i = t_i$ 得到。 □

由上面的引理，易证如下定理。

**定理 8.3**　$\mathcal{L}_{\mathrm{IMAF}}$ 的证明系统相对于其语义是可靠和完全的，即对任意项 $t, s$，$t \vdash s$ 当且仅当 $t \vDash s$。

### 8.3.3 增加更多语法

尽管像汉语这样的语言没有明显的句法范畴，但却被认为存在一些基本的句法结构：并置、修饰 (从左至右) 和补充 (从右至左)。如此一来，原来的串接算子分裂为 3 个相对应的二元算子。

**定义 8.12** 给定一集原子项 $\mathcal{A}$，定义带基本语法的 IMA 语言 $\mathcal{L}_{\mathrm{IMAG}}$ 如下：

$$t ::= a \mid (t \circ t) \mid (t \triangleright t) \mid (t \triangleleft t)$$

其中，$a \in \mathcal{A}$.

在上述定义中，算子 $\circ$ 表示并置，$\triangleright$ 表示修饰 (从左至右)，$\triangleleft$ 表示补充 (从右至左)。对并置的语义限制容易给出，但对另两个语法构造的语义限制则不那么容易给出，我们暂且不对之进行限制。

**定义 8.13** $\mathcal{L}_{\mathrm{IMAG}}$ 的模型为五元组 $\mathfrak{M} = \langle M, R_\circ, R_\triangleright, R_\triangleleft, I\rangle$，其中

(1) $M \neq \emptyset$，由意义实体构成；

(2) 对 $* \in \{\circ, \triangleright, \triangleleft\}$，$R_* \subseteq M^3$ 是 $M$ 上的 3 元关系，并满足

$R_\circ xyz \wedge R_\circ yuv \to \exists w(R_\circ uw \wedge R_\circ wvz)$

$R_\circ xyz \wedge R_\circ zuv \to \exists w(R_\circ xwv \wedge R_\circ wyu)$

$R_\circ xyz \to R_\circ xzy$

(3) $I : \mathcal{A} \to \wp(M)$，称为*指派*，将每个原子项映射为 $M$ 的子集。

**定义 8.14** 给定 $\mathcal{L}_{\mathrm{IMAG}}$ 的模型 $\mathfrak{M} = \langle M, R_\circ, R_\triangleleft, R_\triangleright, I\rangle$，项 $t$ 在模型 $\mathfrak{M}$ 下解释 (记作 $|t|^{\mathfrak{M}}$) 定义如下：

$$|a|^{\mathfrak{M}} = I(a), \text{ 对} a \in \mathcal{A},$$

$$|(t_1 * t_2)|^{\mathfrak{M}} = \{x \in M \mid \exists y \in |t_1|^{\mathfrak{M}} \exists z \in |t_2|^{\mathfrak{M}} R_* xyz\}, * \in \{\circ, \triangleleft, \triangleright\}.$$

### 8.3.4 增加语境

语境可以用来减少或消除语言的歧义。引入语境后，项不是整体的由模型给出解释，而是局部的在语境下获得解释。复合项在某个语境下的解释由其组成部分在该语境下可达的语境下的解释复合而成。如同复合/分解关系，语境之间的可达关系其论元数也是变化的。除了可达关系，还有一个用于区

分不同意义在不同语境下使用频率的序关系。表达式在某个语境下的解释由该语境下使用最频繁的意义给出。

**定义 8.15**　$\mathcal{L}_{\mathrm{IMAC}}$ 的模型为 $\mathfrak{M}=\langle M,W,R,r,\{\leqslant_w\}_{w\in W},I\rangle$，其中

(1) $M\neq\emptyset$，由意义实体构成；

(2) $W\neq\emptyset$，由语境构成；

(3) $R\subseteq\bigcup\limits_{n\geqslant 3}M^n$，称为意义复合/分解关系；

(4) $r\subseteq\bigcup\limits_{n\geqslant 3}W^n$，称为语境的可达关系：

(5) 对任意 $w\in W$，$\leqslant_w\subseteq M\times M$ 是 $M$ 上的一个偏序，称为意义频率关系；

(6) $I:\mathcal{A}\to\wp(M)$，称为指派，将每个原子项映射为 $M$ 的子集。

**定义 8.16**　给定 $\mathcal{L}_{\mathrm{IMAC}}$ 的模型 $\mathfrak{M}=\langle M,W,R,r,\{\leqslant_w\}_{w\in W},I\rangle$，项 $t$ 在模型 $\mathfrak{M}$ 下在语境 $w\in W$ 中的解释 (记作 $|t|^{\mathfrak{M},w}$) 定义如下：

$$\begin{aligned}|a|^{\mathfrak{M},w}&=\min_w I(a),\\ |t_1\cdots t_n|^{\mathfrak{M},w}&=\min_w\{x\in M\mid\exists w_1\cdots w_n\in W\exists x_1\cdots x_n\\ &\qquad(rww_1\cdots w_n\wedge Rxx_1\cdots x_n\wedge\bigwedge_{i=1}^{n}x_i\in|t_i|^{\mathfrak{M},w_i})\}\end{aligned}$$

其中

$$\min_w X=\{x\in X\mid\forall x'\in X(x'\leqslant_w x\to x=x')\}$$

**定义 8.17**　$\mathcal{L}_{\mathrm{IMAC}}$ 的典范模型 $\mathfrak{M}^c=\langle M^c,W^c,R^c,r^c,\{\leqslant^c_w\}_{w\in W},I^c\rangle$ 定义如下：

(1) $M^c=W^c=\mathcal{T}$；

(2) $R^ctt_1\cdots t_n$ 当且仅当 $r^ctt_1\cdots t_n$ 当且仅当 $t_1\cdots t_n\vdash t$，对 $n\geqslant 2$；

(3) 对任意 $w\in W$，$\leqslant^c_w=\emptyset$；

(4) $I^c(a)=\{t\in\mathcal{T}\mid a\vdash t\}$，对 $a\in\mathcal{A}$。

**引理 8.5**　对任意项 $t,s$，

(1) $s\in|t|^{\mathfrak{M}^c,w}\Rightarrow t\vdash s$，对所有 $w\in\mathfrak{M}^c$；

(2) $t\vdash s\Rightarrow s\in|t|^{\mathfrak{M}^c,s}$。

证明 (1) 施归纳于 $t$。

情况 1 $t=a\in\mathcal{A}$。则

$s\in|t|^{\mathfrak{M}^c,w}\Rightarrow s\in\min_w I^c(a)\Rightarrow s\in I^c(a)\Rightarrow a\vdash s\Rightarrow t\vdash s$

情况 2 $t=t_1\cdots t_n$。则

$$\begin{aligned}
&s\in|t|^{\mathfrak{M}^c,w}\Rightarrow s\in\min_w\{x\in M\mid\exists w_1\cdots w_n\in W^c\exists s_1\cdots s_n\\
&(r^cww_1\cdots w_n\wedge R^cxs_1\cdots s_n\wedge\bigwedge_{i=1}^n s_i\in|t_i|^{\mathfrak{M}^c,w_i})\}\\
&\qquad\Rightarrow s\in\{x\in M\mid\exists w_1\cdots w_n\in W^c\exists s_1\cdots s_n\\
&\qquad\quad(r^cww_1\cdots w_n\wedge R^cxs_1\cdots s_n\wedge\bigwedge_{i=1}^n s_i\in|t_i|^{\mathfrak{M}^c,w_i})\}\\
&\qquad\Rightarrow\exists w_1\cdots w_n\in W^c\exists s_1\cdots s_n(r^cww_1\cdots w_n\wedge R^css_1\cdots\\
&\qquad\quad s_n\wedge\bigwedge_{i=1}^n s_i\in|t_i|^{\mathfrak{M}^c,w_i}))\\
&\qquad\Rightarrow\exists s_1\cdots s_n(R^css_1\cdots s_n\wedge\bigwedge_{i=1}^n s_i\in|t_i|^{\mathfrak{M}^c,w_i})\\
&\qquad\Rightarrow\exists s_1\cdots s_n(s_1\cdots s_n\vdash s\wedge\bigwedge_{i=1}^n t_i\vdash s_i)\text{(据归纳假设)}\\
&\qquad\Rightarrow t_1\cdots t_n\vdash s\Rightarrow\vdash s。
\end{aligned}$$

(2) 施归纳于 $t$。

情况 1 $t=a\in\mathcal{A}$。则

$t\vdash s\Rightarrow a\vdash s\Rightarrow s\in I^c(a)\Rightarrow s\in\min_s I^c(a)\Rightarrow s\in|t|^{\mathfrak{M}^c,s}$

情况 2 $t=t_1\cdots t_n$。则

$$\begin{aligned}
&t\vdash s\Rightarrow t_1\cdots t_n\vdash s\Rightarrow\exists s_1\cdots s_n(s_1\cdots s_n\vdash s\wedge\bigwedge_{i=1}^n t_i\vdash s_i)(\text{令 }s_i=t_i)\\
&\qquad\Rightarrow\exists s_1\cdots s_n(s_1\cdots s_n\vdash s\wedge\bigwedge_{i=1}^n s_i\in|t_i|^{\mathfrak{M}^c,s_i})\text{ (据归纳假设)}\\
&\qquad\Rightarrow\exists w_1\cdots w_n\in W^c\exists s_1\cdots s_n\\
&\qquad\quad(r^csw_1\cdots w_n\wedge R^css_1\cdots s_n\wedge\bigwedge_{i=1}^n s_i\in|t_i|^{\mathfrak{M}^c,w_i})\text{ (令 }w_i=s_i)\\
&\qquad\Rightarrow s\in\{x\in M\mid\exists w_1\cdots w_n\in W^c\exists s_1\cdots s_n\\
&\qquad\quad(r^csw_1\cdots w_n\wedge R^cxs_1\cdots s_n\wedge\bigwedge_{i=1}^n s_i\in|t_i|^{\mathfrak{M}^c,w_i})\}\\
&\qquad\Rightarrow s\in\min_s\{x\in M\mid\exists w_1\cdots w_n\in W^c\exists s_1\cdots s_n\\
&\qquad\quad(r^csw_1\cdots w_n\wedge R^cxs_1\cdots s_n\wedge\bigwedge_{i=1}^n s_i\in|t_i|^{\mathfrak{M}^c,w_i})\}\\
&\qquad\Rightarrow s\in|t|^{\mathfrak{M}^c,s}
\end{aligned}$$

□

由上面的引理，易证下面的定理。

**定理 8.4** $\mathcal{L}_{\mathrm{IMAC}}$ 的证明系统相对于其语义是可靠和完全的，即，对任意项 $t, s$，$t \vdash s$ 当且仅当 $t \vDash s$。

# Ⅲ

# 博弈语义

逻辑与博弈的交叉研究在加深我们对逻辑和博弈的理解上产生了丰富的成果。一方面，博弈为解释逻辑提供了更加动态和精细的结构；另一方面，逻辑为刻画博弈提供了更加抽象和精确的语言。二者之间的联系建立得越多，我们对二者的理解也越深入。一些著名的逻辑与博弈之间的联系包括：论证与 Lorenzen 博弈、模型比较与 Ehrenfeucht-Fraïssé博弈、语义赋值 (或模型检测) 与 Hintikka 博弈 (或赋值博弈)。通过 J. van Benthem、G. Sandu(在哲学和逻辑学领域)、S. Abramsky (在信息科学领域) 和 G. Bonanno (在经济学领域) 等的努力，逻辑与博弈的交汇领域得到不断更新，新的联系不断建立，旧的联系重新得到考察。① 博弈语义是对 Tarski 式真值条件语义的重要补充，由于它比真值条件语义更加精细，也更具有动态性，因此成为刻画自然语言语义的重要框架。

本部分对已有的博弈语义进行了重要扩展和补充，首先通过构造一种特殊的多值逻辑，将语义博弈从双主体扩展到了多主体；其次通过对引入随机行动和伪玩家，将语义博弈从完全信息博弈扩展到了不完全信息博弈，并对已有的博弈语义 (IF 逻辑及其博弈语义) 进行了重新考察，澄清了若干重要问题；最后我们指出了如何将随机行动和伪玩家的思想扩展至逻辑与博弈交叉研究的其他领域。

① 参见 van Benthem, 2001; Sandu, 1993; Bonanno, 2002; Abramsky, 1994。

# 第 9 章

# 多主体博弈与多值逻辑

自 Hintikka (1973) 的开创性工作以来，博弈语义 (game-theoretical semantics, GTS) 成为 Tarski 式真值条件语义的重要补充。它不仅建立了逻辑与博弈之间的深刻联系，而且为自然语言提供了一个更加灵活和有效的建模框架。一方面，逻辑和语义中的真假概念可以通过博弈中的赢策略来定义；另一方面，一个一般的博弈也可以通过语义博弈来刻画。尽管已有的博弈语义在逻辑与博弈之间建立了精致的联系，但这个联系目前仍然是不完整的。有很大一部分博弈和逻辑仍然游离在已经建立的联系之外。例如，目前博弈语义中的博弈均是双主体博弈，而博弈语义中的逻辑也只是二值逻辑。能否将博弈与逻辑之间的对应扩展至更大的范围呢？本章我们将 Hintikka 传统的博弈语义从双主体扩展至多主体，相应的逻辑也从二值扩展至多值。具体而言，我们建立了一个 $n$ 人博弈与一个 $n+1$ 值逻辑的对应。该 $n+1$ 值逻辑有 $n$ 个二元逻辑联接词，每个逻辑联结词对应一个博弈者。我们证明了，对每个 $1 \leqslant i \leqslant n$，公式 $\varphi$ 在模型 $M$ 具有真值 $t_i$，当且仅当博弈者 $i$ 在语义博弈 $G(\varphi, M)$ 中有赢策略；公式 $\varphi$ 在模型 $M$ 下具有真值 $t_0$，当且仅当没有一个博弈者在博弈 $G(\varphi, M)$ 中有赢策略。

## 9.1 扩展式博弈的基本概念

这里先给出博弈论中关于扩展式博弈的基本概念 (Osborne and Rubinstein 1994)。

**定义 9.1** 一个扩展博弈由元组 $G = \langle N, A, H, Z, P, (u_i)_{i \in N} \rangle$ 构成，其中

(1) $N \neq \emptyset$, 由博弈 $G$ 中的所有博弈者 (玩家) 构成；

(2) $A \neq \emptyset$, 由所有博弈者的所有可能行动构成；

(3) $H$ 由行动的序列构成，每个序列称为一个 play，并满足：

①空序列 $\langle\,\rangle$ 属于 $H$,

②若 $h$ 属于 $H$, 则 $h$ 的每个初始片段也属于 $H$；

(4) $Z \subseteq H$ 由所有极大的 play 构成，每个极大的回合也称为终期 play；

(5) $P: H - Z \to N$ 为玩家函数，对每一个非终期 play 指派一个博弈者；

(6) 对每个博弈者 $i$, $u_i: Z \to \mathbb{R}$ 为 $i$ 的效用函数。

**定义 9.2** 给定一个扩展式博弈 $G = \langle N, A, H, Z, P, (u_i)_{i \in N} \rangle$, 玩家 $i$ 的策略是满足 $f_i(h) \in A(h)$ 的函数 $f_i : P^{-1}(i) \to A$, 其中 $P^{-1}(i)$ 是所有轮到 $i$ 行动的 play 构成的集合，$A(h) = \{x \in A : h \frown x \in H\}$。

给定一个扩展式博弈 $G = \langle N, A, H, Z, P, (u_i)_{i \in N} \rangle$, 由玩家 $i$ 的策略 $f_i$ 决定的终期 play 的集合 $Z(f_i)$ 是 $Z$ 的子集，并满足对任意 $h \in Z$ 和 $h$ 的初始片段 $h'$, 若 $h' \in P^{-1}(i)$ 则 $h' \frown f_i(h')$ 也是 $h$ 的初始片段。注意到，若每个玩家 $i$ 的策略为 $f_i$, 则所有玩家的策略 $\{f_i\}_{i \in N}$ 决定了一个唯一的 play, 即 $\bigcap_{i \in N} Z(f_i)$ 为单点集。

## 9.2 三值逻辑 $\mathcal{L}_2$ 的双主体语义博弈

**定义 9.3** 给定命题变元集 $Var$, $\mathcal{L}_2$ 的合式公式由如下规则得到：

$$\varphi ::= p \mid (\varphi \vee \varphi) \mid (\varphi \wedge \varphi)$$

其中 $p \in Var$。

记 $\varphi$ 的所有子公式构成的集合为 $Sub(\varphi)$。

**定义 9.4** $\mathcal{L}_2$ 的真值表定义如下：

| $\vee$ | $t$ | $u$ | $f$ |
|---|---|---|---|
| $t$ | $t$ | $t$ | $t$ |
| $u$ | $t$ | $u$ | $u$ |
| $f$ | $t$ | $u$ | $f$ |

| $\wedge$ | $t$ | $u$ | $f$ |
|---|---|---|---|
| $t$ | $t$ | $u$ | $f$ |
| $u$ | $u$ | $u$ | $f$ |
| $f$ | $f$ | $f$ | $f$ |

易见，当限制在经典真值 $\{t,f\}$ 上时，上述真值表与经典逻辑的真值表是一致的。该真值表最早由 Kleene (1938) 给出。

**定义 9.5** $\mathcal{L}_2$ 的一个模型为函数 $M: Var \to \{t,u,f\}$。

对任意 $s \in \{t,u,f\}$，记 $M \vDash^s_{\mathcal{L}_2} \varphi$，若 $\varphi$ 在模型 $M$ 下的真值为 $s$ (根据定义 9.4 中的真值表)。

**定义 9.6** $\mathcal{L}_2$ 的关联于公式 $\varphi$ 和模型的语义博弈 $G(\varphi,M) = \langle N,A,H,Z,P,L,(u_i)_{i\in N}\rangle$，其中 $\langle N,A,H,Z,P,(u_i)_{i\in N}\rangle$ 为扩展式博弈，且

(1) $N = \{P_\vee, P_\wedge\}$；

(2) $A = \{\text{Left}, \text{Right}\}$；

(3) $L: H \to Sub(\varphi)$ 称为标签函数并满足：

① $L(\langle\ \rangle) = \varphi$，

② $L(h) \in Var$，对 $h \in Z$，

③对任意 $* \in \{\vee,\wedge\}$，若 $L(h) = (\alpha * \beta)$，则 $L(h \frown \text{Left}) = \alpha$，$L(h \frown \text{Right}) = \beta$，$P(h) = P_*$；

(4) 对任意 $h \in Z$，

① $u_{P_\vee}(h) = 1$ 当且仅当 $M(L(h)) = t$；

② $u_{P_\wedge}(h) = 1$ 当且仅当 $M(L(h)) = f$。

**定义 9.7** 对任意 $* \in \{\vee,\wedge\}$，玩家 $P_*$ 在语义博弈 $G(\varphi,M)$ 的终期 play$h$ 中获胜，若 $u_{P_*}(h) = 1$；$P_*$ 有赢策略，若存在 $P_*$ 的策略 $f$ 使得 $P_*$ 在所有由 $f$ 决定的终期 play 中获胜。

下面我们给出 $\mathcal{L}_2$ 的博弈语义。

**定义 9.8** 令 $G(\varphi,M)$ 为 $\mathcal{L}_2$ 的一个语义博弈。在 $\mathcal{L}_2$ 中

(1) $\varphi$在博弈语义下真 (记作 $M \Vdash^t_{\mathcal{L}_2} \varphi$), 若 $P_\vee$ 在 $G(\varphi, M)$ 中有赢策略；

(2) $\varphi$在博弈语义下假 (记作 $M \Vdash^f_{\mathcal{L}_2} \varphi$), 若 $P_\wedge$ 在 $G(\varphi, M)$ 中有赢策略；

(3) $\varphi$ 在博弈语义下不缺定 (记作 $M \Vdash^u_{\mathcal{L}_2} \varphi$), 若双方在 $G(\varphi, M)$ 中均无赢策略。

下面的定理表明, $\mathcal{L}_2$ 的博弈语义与用真值表给出的 Tarksi 式语义是等价的。

**定理 9.1** $M \vDash^s_{\mathcal{L}_2} \varphi$ 当且仅当 $M \Vdash^s_{\mathcal{L}_2} \varphi$, 对任意 $s \in \{t, u, f\}$。

证明　参见定理 9.2 的证明, 因为 $\mathcal{L}_2$ 是下面要定义的 $\mathcal{L}_n$ 的特例。

□

## 9.3 $n+1$ 值逻辑 $\mathcal{L}_n$ 的 $n$ 人语义博弈

**定义 9.9** 给定命题变元集 $Var$, $\mathcal{L}_n$ 的合式公式由如下规则构成：

$$\varphi ::= p \mid (\varphi \odot_k \varphi)$$

其中 $p \in Var$, $k \in \{1, \cdots, n\}$。

记 $\varphi$ 的所有子公式构成的集合为 $Sub(\varphi)$。

**定义 9.10** $\mathcal{L}_n$ 的真值表如下：

| $\odot_k$ | $t_0$ | $t_1$ | $\cdots$ | $t_k$ | $\cdots$ | $t_n$ |
|---|---|---|---|---|---|---|
| $t_0$ | $t_0$ | $t_0$ | $t_0$ | $t_k$ | $t_0$ | $t_0$ |
| $t_1$ | $t_0$ | $t_1$ | $t_0$ | $t_k$ | $t_0$ | $t_0$ |
| $\vdots$ | $t_0$ | $t_0$ | $\ddots$ | $t_k$ | $t_0$ | $t_0$ |
| $t_k$ | $t_k$ | $t_k$ | $t_k$ | $t_k$ | $t_k$ | $t_k$ |
| $\vdots$ | $t_0$ | $t_0$ | $t_0$ | $t_k$ | $\ddots$ | $t_0$ |
| $t_n$ | $t_0$ | $t_0$ | $t_0$ | $t_k$ | $t_0$ | $t_n$ |

即, 对 $1 \leqslant k \leqslant n$ 和 $0 \leqslant i, j \leqslant n$,

$$t_i \odot_k t_j = \begin{cases} t_k, & 若 i = k \text{ 或 } j = k \\ t_i, & 若 i = j \\ t_0, & 若 i \neq k \text{ 且 } j \neq k \text{ 且 } i \neq j \end{cases}$$

易见，当 $n=2$ 时 $\mathcal{L}_n$ 就是前面在 9.2 节定义的 $\mathcal{L}_2$，即 $\mathcal{L}_n$ 是对 $\mathcal{L}_2$ 的推广。

**定义 9.11** $\mathcal{L}_n$ 的模型为函数 $M: Var \to \{t_0, \cdots, t_n\}$。

对任意 $0 \leqslant i \leqslant n$，记 $M \vDash^{t_i}_{\mathcal{L}_n} \varphi$，若 $\varphi$ 在模型 $M$ 下的真值为 $t_i$ (根据定义 9.10 中的真值表)。

**引理 9.1** 对 $1 \leqslant k \leqslant n$，

(1) $M \vDash^{t_k}_{\mathcal{L}_n} (\alpha \odot_k \beta)$ 当且仅当 $M \vDash^{t_k}_{\mathcal{L}_n} \alpha$ 或 $M \vDash^{t_k}_{\mathcal{L}_n} \beta$；

(2) 对 $1 \leqslant i \leqslant n$，若 $i \neq k$，则 $M \vDash^{t_i}_{\mathcal{L}_n} (\alpha \odot_k \beta)$ 当且仅当 $M \vDash^{t_i}_{\mathcal{L}_n} \alpha$ 且 $M \vDash^{t_i}_{\mathcal{L}_n} \beta$；

(3) $M \vDash^{t_0}_{\mathcal{L}_n} (\alpha \odot_k \beta)$ 当且仅当 $M \nvDash^{t_k}_{\mathcal{L}_n} \alpha$ 且 $M \nvDash^{t_k}_{\mathcal{L}_n} \beta$，且对任意 $1 \leqslant i \leqslant n$ 和 $i \neq k$，$M \nvDash^{t_i}_{\mathcal{L}_n} \alpha$ 或 $M \nvDash^{t_i}_{\mathcal{L}_n} \beta$。

证明 由定义 9.10 中的真值表不难验证。

□

**定义 9.12** $\mathcal{L}_n$ 的关联于公式 $\varphi$ 和模型 $M$ 的语义博弈为 $G(\varphi, M) = \langle N, A, H, Z, P, L, (u_i)_{i\in N}\rangle$，其中 $\langle N, A, H, Z, P, (u_i)_{i\in N}\rangle$ 是一个扩展式博弈，且

(1) $N = \{P_1, \cdots, P_n\}$；

(2) $A = \{Left, Right\}$；

(3) $L: H \to Sub(\varphi)$ 称为标签函数并满足

① $L(\langle\ \rangle) = \varphi$，

② $L(h) \in Var$，对 $h \in Z$，

③对 $1 \leqslant k \leqslant n$，若 $L(h) = \alpha \odot_k \beta)$，则 $L(h \frown \text{Left}) = \alpha$，$L\,(h \frown \text{Right}) = \beta$，$P(h) = P_k$；

(4) 对任意 $1 \leqslant k \leqslant n$ 和任意 $h \in Z$，$u_{P_k}(h) = 1$ 当且仅当 $M(L(h)) = t_k$。

**定义 9.13** 对任意 $1 \leqslant k \leqslant n$，玩家 $P_k$ 在语义博弈 $G(\varphi, M)$ 的终期 play$h$ 中获胜，若 $u_{P_k}(h) = 1$；$P_k$ 具有赢策略，若存在 $P_k$ 的策略 $f$ 使得 $P_k$ 在所有由 $f$ 决定的终期 play 中获胜。

下面是 $\mathcal{L}_n$ 的博弈语义。

**定义 9.14**　令 $G(\varphi, M)$ 为 $\mathcal{L}_n$ 的语义博弈。对 $1 \leqslant k \leqslant n$，公式 $\varphi$ 在模型 $M$ 下的博弈语义真值为 $t_k$ (记作 $M \Vdash^{t_k}_{\mathcal{L}_n} \varphi$)，若 $P_k$ 在 $G(\varphi, M)$ 中有赢策略；公式 $\varphi$ 在模型 $M$ 下的博弈语义真值为 $t_0$ (记作 $M \Vdash^{t_0}_{\mathcal{L}_n} \varphi$)，若没有玩家在 $G(\varphi, M)$ 中有赢策略。

**引理 9.2**　对任意 $1 \leqslant k \leqslant n$，

(1) $M \Vdash^{t_k}_{\mathcal{L}_n} (\alpha \odot_k \beta)$ 当且仅当 $M \Vdash^{t_k}_{\mathcal{L}_n} \alpha$ 或 $M \Vdash^{t_k}_{\mathcal{L}_n} \beta$；

(2) 对任意 $1 \leqslant i \leqslant n$，若 $i \neq k$，则 $M \Vdash^{t_i}_{\mathcal{L}_n} (\alpha \odot_k \beta)$ 当且仅当 $M \Vdash^{t_i}_{\mathcal{L}_n} \alpha$ 且 $M \Vdash^{t_i}_{\mathcal{L}_n} \beta$；

(3) $M \Vdash^{t_0}_{\mathcal{L}_n} (\alpha \odot_k \beta)$ 当且仅当 $M \nVdash^{t_k}_{\mathcal{L}_n} \alpha$ 且 $M \nVdash^{t_k}_{\mathcal{L}_n} \beta$，且对任意 $1 \leqslant i \leqslant n$ 和 $i \neq k$，$M \nVdash^{t_i}_{\mathcal{L}_n} \alpha$ 或 $M \nVdash^{t_i}_{\mathcal{L}_n} \beta$。

证明　给定 $1 \leqslant k \leqslant n$。

(1) $M \Vdash^{t_k}_{\mathcal{L}_n} (\alpha \odot_k \beta)$ 当且仅当 $P_k$ 在 $G((\alpha \odot_k \beta), M)$ 有赢策略，当且仅当 $P_k$ 在 $G(\alpha, M)$ 有赢策略或在 $G(\beta, M)$ 中有赢策略 (因为 $G((\alpha \odot_k \beta), M)$ 的第一步由 $P_k$ 走) 当且仅当 $M \Vdash^{t_k}_{\mathcal{L}_n} \alpha$ 或 $M \Vdash^{t_k}_{\mathcal{L}_n} \beta$。

(2) 任给 $0 \leqslant i \leqslant n$，假设 $k \neq i \neq 0$。则 $M \Vdash^{t_i}_{\mathcal{L}_n} (\alpha \odot_k \beta)$ 当且仅当 $P_i$ 在 $G((\alpha \odot_k \beta), M)$ 有赢策略，当且仅当 $P_i$ 在 $G(\alpha, M)$ 有赢策略且在 $G(\beta, M)$ 有赢策略 (因为 $G((\alpha \odot_k \beta), M)$ 的第一步不同于 $P_i$ 的其他玩家走) 当且仅当 $M \Vdash^{t_i}_{\mathcal{L}_n} \alpha$ 且 $M \Vdash^{t_i}_{\mathcal{L}_n} \beta$。

(3) $M \Vdash^{t_0}_{\mathcal{L}_n} (\alpha \odot_k \beta)$ 当且仅当没有玩家在 $G((\alpha \odot_k \beta), M)$ 有赢策略，当且仅当对任意 $1 \leqslant i \leqslant n$ 且 $i \neq k$，$P_k$ 在 $G((\alpha \odot_k \beta), M)$ 没有赢策略，且 $P_i$ 在 $G((\alpha \odot_k \beta), M)$ 没有赢策略，当且仅当对任意 $1 \leqslant i \leqslant n$ 且 $i \neq k$，$M \nVdash^{t_k}_{\mathcal{L}_n} (\alpha \odot_k \beta)$，且 $M \nVdash^{t_i}_{\mathcal{L}_n} (\alpha \odot_k \beta)$，当且仅当对任意 $1 \leqslant i \leqslant n$ 且 $i \neq k$，$M \nVdash^{t_k}_{\mathcal{L}_n} \alpha$ 且 $M \nVdash^{t_k}_{\mathcal{L}_n} \beta$，且 $M \nVdash^{t_i}_{\mathcal{L}_n} \alpha$ 或 $M \nVdash^{t_i}_{\mathcal{L}_n} \beta$ (由 (1) 和 (2))。

□

下面的定理表明 $\mathcal{L}_n$ 的博弈语义与真值条件语义是等价的。

**定理 9.2**　对任意 $0 \leqslant i \leqslant n$，$M \vDash^{t_i}_{\mathcal{L}_n} \varphi$ 当且仅当 $M \Vdash^{t_i}_{\mathcal{L}_n} \varphi$。

证明　由引理 9.1 和引理 9.2 施归纳于 $\varphi$ 的结构易得。

□

由上面的定理易得下面的推论。

**推论 9.1** 对 $\mathcal{L}_n$ 的任意公式 $\varphi$ 和模型 $M$，存在唯一 $i \in \{0, \cdots, n\}$ 使得 $M \Vdash^{t_i}_{\mathcal{L}_n} \varphi$。

多值逻辑有一些其他的博弈语义，如模糊逻辑的 Giles 博弈语义 (Giles, 1974) 和多值逻辑的 Renyi-Ulam 博弈语义 (Mundici, 1992; Mundici, 1993)。这些博弈语义采用的都是 Lorenzen 传统的对话博弈，而我们采用的则是 Hintikka 传统的语义博弈。另一个区别是，已有的多值逻辑博弈都是双主体和零和博弈，而我们的则是多主体和非零和博弈。通过将 Hintikka 传统的双主体语义博弈扩展至多主体博弈，并允许博弈有平局，我们在逻辑与博弈之间建立了更加广泛的联系。运用博弈语义的特殊优势，我们可以如同在二值逻辑框架下一样，研究多值逻辑框架下的 Independence-Friendly 逻辑 (IF 逻辑)。另外，多主体的语义博弈还为研究博弈者之间的联合提供了可能，这将为更多已知和未知的逻辑提供新的理解 (如在 Väänänen(2007) 发展的 team 逻辑)。

# 第 10 章

# 不完全信息博弈与部分逻辑

本章有两个目的：一是在逻辑与博弈的交叉研究中，如 van Benthem (2008) 建议的那样，更加严肃地看待博弈，通过考察不完全信息博弈，在逻辑与博弈之间建立一条新的联系；二是对一条旧的联系 —— 不完美信息赋值博弈与 IF 逻辑进行重新考察。具体而言，我们通过在赋值博弈中引入随机行动或称为 Nature 的伪玩家，对部分逻辑 (partial logic) 给出了一种博弈语义。我们表明，由随机行动或 Nature 刻画的不完全信息如何与部分逻辑中的 interjunction 联结词对应。我们证明了，由 Sandu 和 Pietarinen (2001) 提出的 IF 命题逻辑与部分逻辑是等价的。通过这种间接方式，我们表明，对 IF 命题逻辑给出博弈语义，引入非完美信息不是必要的，因为我们给出的部分逻辑的语义博弈都是完美信息的。我们还指出，IF 一阶逻辑的一个片段也可以翻译为 (一阶) 部分逻辑，从而可以澄清博弈中的不完美信息与逻辑中的 (非) 独立变元之间的联系究竟是否是本质的。尽管本章考察的主要是赋值博弈，但引入随机行动和 Nature 的思想也可以推广到逻辑与博弈研究的其他方向。

## 10.1 带随机行动的赋值博弈

我们知道，一个经典一阶逻辑公式的语义赋值可以看作一个双人博弈，其中"证实者"试图表明该公式在给定的模型中为真，"证伪者"试图表明该公式在给定的模型中为假。具体而言，对一个析取式，证实者选出她认为真的那个析取枝；对一个合取式，证伪者选出她认为假的那个合取枝。对一个存在量化公式，证实者选出模型论域中的一个对象作为该公式的例示；对一个全称量化公式，证伪者选出模型论域中的一个对象作为该公式的反例。否定联结词处理为角色调换。在这种解释下，一个公式的真可以归结为证实者在相应的博弈中有赢策略。这样的博弈称为语义赋值博弈，简称赋值博弈。

当我们更严肃的看待博弈时，如引入不完美信息，赋值博弈与逻辑之间的联系变得更加有趣。在包含不完美信息的博弈中，博弈者在博弈进程的某些阶段可能不知道其他博弈者过去的行动。这样的赋值博弈对应所谓的 Independence-Friendly 逻辑 (IF 逻辑)( Hintikka, 1996; Hintikka and Sandu, 1997)。①

不过，不完美信息只是博弈中的一种信息类型。除了完美/不完美信息，在博弈论中还讨论诸如完全/不完全信息、对称/非对称信息、确定/不缺定信息等信息类型②．如果在赋值博弈中引入不完全信息会得到什么结果呢？Blinov (1994) 对这个问题以一种限定的方式作出了回答。Blinov 为 Thomason 的在超赋值下的时态逻辑给出了一种带随机行动的赋值博弈。他的建议实际上对任何超赋值下的逻辑都可适用，只要给定了该逻辑在标准赋值下所对应的赋值博弈，其核心思想如下。

设 $G(\varphi,V)$ 是 $\varphi$ 关于 (经典) 赋值 $V$ 的赋值博弈，即 $\varphi$ 在 $V$ 下的真假可以由 $G(\varphi,V)$ 中的赢策略定义。现在要定义 $\varphi$ 在博弈语义下的超级真和超级假，只需要通过在开始的赋值博弈 $G(\varphi,V)$ 前加入一个随机行动 (或者第三个博弈者的行动)，即最后的赋值博弈 $Gs(\varphi,V)$ 的第一步是一个随机行动，然后按照博弈 $G(\varphi,V')$ 进行，其中 $V'$ 是随机 (或由第三个博弈者) 选择

① 另一种 IF 逻辑的研究进路请参见 Väänänen, 2007。

② 关于这四类信息类型的定义可参见 Rasmusen, 2007。

的 $V$ 的解析 (resolution) ①。通过这种方式，新的博弈以一种自然的方式刻画了超赋值：博弈者在 $Gs(\varphi, V)$ 中有赢策略，当且仅当对所有 $V'$，该博弈者在 $G(\varphi, V')$ 中有赢策略 (因为 $V'$ 是随机选取的)，或者等价的，$\varphi$ 在 $V$ 下是超级真 (超级假) 的，当且仅当 $\varphi$ 在 $V$ 的所有解析 $V'$ 下都为真 (假)。

Blinov 观察到，随机行动在上述博弈中只能作为初始的行动被引入。要放宽这个限制，他认为必须构造一种语言使得某个逻辑算子 (模态算子、量词或命题联结词) 通过随机行动获得解释。这样，随机行动就可以出现在博弈的任何阶段。尽管 Blinov 没有构造出这种语言，但他实际上离发现这样的语言已经相当接近了。在其论文的开头，Blinov 设想了一种用来展示随机行动的赋值博弈。博弈 $G^*$ 由在赋值博弈 $G(\varphi)$ 和 $G(\psi)$ 上加入一个根节点得到。如果证实者 (证伪者) 被指派为在根节点行动，那么该博弈实际上就是 $G(\varphi \vee \psi)$ ($G(\varphi \wedge \psi)$)。但如果根节点既不是由证实者走，也不是由证伪者走，而是由某个随机行动完成，那么这样的博弈是什么呢？Blinov 注意到，在这种情况下，任何一个博弈者在 $G^*$ 中有赢策略，当且仅当她既在 $G(\varphi)$ 中也在 $G(\psi)$ 中有赢策略。这恰好对应由 Blamey(1980) 提出的部分逻辑中的联结词 $\bowtie$：在部分逻辑中，$\varphi \bowtie \psi$ 为真 (假)，当且仅当 $\varphi$ 真 (假) 且 $\psi$ 真 (假)。下面我们将这个对应以不同方式更详细地予以说明。

## 10.2 部分逻辑的赋值博弈

我们先简要回顾一下 Blamey 提出的命题部分逻辑；然后给出其赋值博弈，其中有些赋值博弈包含随机行动，另一些赋值博弈包含第三个博弈者；最后，我们表明这些思想如何移植到带量词的部分逻辑。

### 10.2.1 部分逻辑 $PL$

部分逻辑由部分模型给出。部分模型是对初始符号给出部分解释的模型。除了使用部分模型，Blamey 的部分逻辑 $PL$ 还有一些新的逻辑联结词，其中 intersection 是最有代表性的一个。$PL$ 的形式语言如下。我们首先考虑

① $V'$ 是 $V$ 的解析，若 $V'$ 是一个经典赋值，且 $V'$ 与 $V$ 经典赋值部分相同。

命题语言，然后再考虑引入量词。

**定义 10.1** 给定一集命题变元 $PV$, $PL$ 的语言 $\mathcal{L}_{PL}$ 由下面的 BNF 定义：

$$\varphi ::= p \mid \neg\varphi \mid (\varphi \vee \varphi) \mid (\varphi \wedge \varphi) \mid (\varphi \bowtie \varphi)$$

其中 $p \in PV$。

除了引入intersection$\bowtie$，Blamey还引入了称为transplication 的联结词/。正如 Blamey 所表明的，/ 可以通过 $\bowtie$ 来定义。并且，Blamey 还证明了，定义 10.1 中给出的联结词，再加上表示真假的零元联结词 $t$ 和 $f$，对于部分逻辑是函项完全的。[①]所以我们只考虑 $\bowtie$。

**定义 10.2** *部分模型*是序对 $M = (M^+, M^-)$，其中 $M^+$ 和 $M^-$ 是 $PV$ 的子集，分别给出真的和假的原子公式。$M$ 是*融贯*的，如果 $M^+ \cap M^- = \emptyset$; $M$ 是完全的，如果 $M^+ \cup M^- = PV$。

显然，一个既融贯又完全的部分模型就是一个经典模型。下面我们只考虑融贯的部分模型。下面是 $PL$ 的 Tarski 式语义。

**定义 10.3** 给定部分模型 $M = (M^+, M^-)$, $M \models^t_{PL} \varphi$ (意指 $\varphi$ 在 $M$ 中真) 和 $M \models^f_{PL} \varphi$ (意指 $\varphi$ 在 $M$ 中假) 归纳定义如下：

(1) $M \models^t_{PL} p$ 当且仅当 $p \in M^+$，对 $p \in PV$;

(2) $M \models^f_{PL} p$ 当且仅当 $p \in M^-$，对 $p \in PV$;

(3) $M \models^t_{PL} \neg\varphi$ 当且仅当 $M \models^f_{PL} \varphi$;

(4) $M \models^f_{PL} \neg\varphi$ 当且仅当 $M \models^t_{PL} \varphi$;

(5) $M \models^t_{PL} \varphi \vee \psi$ 当且仅当 $M \models^t_{PL} \varphi$ 或 $M \models^t_{PL} \psi$;

(6) $M \models^f_{PL} \varphi \vee \psi$ 当且仅当 $M \models^f_{PL} \varphi$ 且 $M \models^f_{PL} \psi$;

(7) $M \models^t_{PL} \varphi \wedge \psi$ 当且仅当 $M \models^t_{PL} \varphi$ 且 $M \models^t_{PL} \psi$;

(8) $M \models^f_{PL} \varphi \wedge \psi$ 当且仅当 $M \models^f_{PL} \varphi$ 或 $M \models^f_{PL} \psi$;

(9) $M \models^t_{PL} \varphi \bowtie \psi$ 当且仅当 $M \models^t_{PL} \varphi$ 且 $M \models^t_{PL} \psi$;

(10) $M \models^f_{PL} \varphi \bowtie \psi$ 当且仅当 $M \models^f_{PL} \varphi$ 且 $M \models^f_{PL} \psi$。

---

① 更准确地说，$\bowtie$ 加上 $\neg, \vee, \wedge$ 和 $t$ 和 $f$ 可以表达所有从 $\{t, *, f\}^n$ 到 $\{t, *, f\}$ 的单调函数，其中 $*$ 被排序为 $t$ 和 $f$ 的下界。

如果我们加入下面的条件：

$$(*)\quad M \models^{*}_{PL} \varphi \text{ 当且仅当} M \not\models^{t}_{PL} \varphi \text{ 且} M \not\models^{f}_{PL} \varphi$$

表明 $\varphi$ 具在 $M$ 中有第三个真值 $*$，当且仅当 $\varphi$ 在 $M$ 中既不真也不假，那么上面的真值条件可以用下面的真值表表示：

| $\neg$ | $t$ |
|---|---|
| $t$ | $f$ |
| $*$ | $*$ |
| $f$ | $t$ |

| $\vee$ | $t$ | $*$ | $f$ |
|---|---|---|---|
| $t$ | $t$ | $t$ | $t$ |
| $*$ | $t$ | $*$ | $*$ |
| $f$ | $t$ | $*$ | $f$ |

| $\wedge$ | $t$ | $*$ | $f$ |
|---|---|---|---|
| $t$ | $t$ | $*$ | $f$ |
| $*$ | $*$ | $*$ | $f$ |
| $f$ | $f$ | $f$ | $f$ |

| ⩙ | $t$ | $*$ | $f$ |
|---|---|---|---|
| $t$ | $t$ | $*$ | $*$ |
| $*$ | $*$ | $*$ | $*$ |
| $f$ | $*$ | $*$ | $f$ |

上述真值表的前三个与 Kleene 的三值逻辑相同[①]，它们在经典真值部分保持了对经典联结词的解释。最后一个是 Blamey 提出的看上去有点奇特的真值表：因为经典真值的复合可能导致非经典真值[②]。然而，这个联结词在语言中却非常有用。[③]

不难发现，⩙ 的真值表可以通过将 $\vee$ 和 $\wedge$ 的真值表重叠起来，并将非吻合的部分标记为 $*$ 得到。这一观察表明，可以将 ⩙ 解释为 $\vee$ 和 $\wedge$ 中不确定的某个联结词。该联结词可以是 $\vee$ 或 $\wedge$，但我们不知道究竟是哪个。$\varphi$ ⩙ $\psi$ 的真值以一种超赋值的方式给出：这时需要解析的不再是原子公式的真值，而是联结词 ⩙。这样，$\varphi$ ⩙ $\psi$ 为真，当且仅当对 $\{\vee, \wedge\}$ 中的每个 $\circ$，$\varphi \circ \psi$ 都为真；它为假，当且仅当对 $\{\vee, \wedge\}$ 中的每个 $\circ$，$\varphi \circ \psi$ 都为假；否则 $\varphi$ ⩙ $\psi$ 是未定义的 (或具有第三值 $*$)。通过这一分析，我们可以给出 $PL$ 的下述赋值博弈。

### 10.2.2 *PL* 的赋值博弈

令 $M = (M^+, M^-)$ 为一个部分模型。对任意 $\varphi \in \mathcal{L}_{PL}$，我们定义 $\varphi$ 的关于 $M$ 的二人赋值博弈 $G(\varphi, M)$ 如下：博弈者为 $\exists$ 和 $\forall$，在博弈最初分别扮演证实者和证伪者的角色。在博弈进行中，她们可能会交换角色。直观上，

① 参见 Kleene, 1938。

② 这种联结词在多值逻辑中也称为非正规的。

③ 参见 Blamey, 2002。

证实者试图表明当时所考虑的公式为真，证伪者试图表明当时所考虑的公式为假。在博弈的某些阶段可能会有随机行动。博弈 $G(\varphi, M)$ 递归定义如下：

**(R.∨)**　$\varphi = \psi \vee \chi$: $G(\varphi, M)$ 由证实者挑选 $\theta \in \{\psi, \chi\}$ 开始，接着博弈按 $G(\theta, M)$ 进行。

**(R.∧)**　$\varphi = \psi \wedge \chi$: $G(\varphi, M)$ 由证伪者挑选 $\theta \in \{\psi, \chi\}$ 开始，接着博弈按 $G(\theta, M)$ 进行。

**(R.¬)**　$\varphi = \neg\psi$: $G(\varphi, M)$ 与 $G(\psi, M)$ 几乎相同，唯一的不同是博弈者的角色互换了。

**(R.$\vee\!\!\!\wedge$)**　$\varphi = \psi \vee\!\!\!\wedge \chi$: $G(\varphi, M)$ 由某个随机行动挑选 $\circ \in \{\vee, \wedge\}$ 开始，接着博弈按 $G(\psi \circ \chi, M)$ 进行。

**(R.atom)**　$\varphi \in PV$: 博弈结束，若 $\varphi \in M^+$，则最后为证实者的博弈者胜，最后为证伪者的博弈者输；若 $\varphi \in M^-$ 则反之；若 $\varphi \notin M^+ \cup M^-$，则博弈以平局结束。

上面的博弈如果去掉关于 $\vee\!\!\!\wedge$ 的部分，则与 Hintikka 提出的经典命题逻辑的赋值博弈几乎一致，唯一不同的是 Hintikka 的博弈是在经典模型上进行的，而我们的博弈则是在部分模型上给出的。当博弈在部分模型上进行时，博弈有可能以平局结束。用博弈论的术语来说，此时博弈是非严格竞争的。这将使得我们的赋值博弈是非决定性的，即没有一个博弈者有赢策略，例如，$G(p, M)$，其中 $M^+ = M^- = \emptyset$。注意到有平局的博弈不一定是非决定性的。例如，$G(p \vee q, M)$，其中 $M^+ = \{p\}$，$M^- = \emptyset$。如果 $\exists$ 选择了 $q$，则博弈以平局结束，但她显然有赢策略 (选择 $p$)。

当引入 $\vee\!\!\!\wedge$ 后，情况有所不同。既是博弈在完全的模型中进行 (意味着没有平局)，博弈仍然可以是非决定性的。例如，$G(p \vee\!\!\!\wedge q, M)$，其中 $p \in M^+$，$q \in M^-$。由于 $p \vee\!\!\!\wedge q$ 中的命题变元要么真要么假，博弈 $G(p \vee\!\!\!\wedge q, M)$ 的任何一局都不会是平局 (根据 R.atom)。但随机行动的存在使得该博弈非决定性的进入 $G(p \vee q, M)$ 或 $G(p \wedge q, M)$，一个博弈者要有赢策略必须同时在 $G(p \vee q, M)$ 和 $G(p \wedge q, M)$ 中有赢策略。但 $\exists$ 在后一个博弈中没有赢策略，而 $\forall$ 在前一个博弈中没有赢策略 $G(\varphi, M)$。①

如通常那样，我们通过赢策略来给出 $PL$ 的博弈语义。

**定义 10.4** 令 $G(\varphi, M)$ 为 $PL$ 的赋值博弈。在 $PL$ 中，

(1) $\varphi$ 在博弈语义下真 (记作 $M \Vdash^t_{PL} \varphi$)，若 $\exists$ 在 $G(\varphi, M)$ 中有赢策略。

(2) $\varphi$ 在博弈语义下假 (记作 $M \Vdash^f_{PL} \varphi$)，若 $\forall$ 在 $G(\varphi, M)$ 中有赢策略。

为了证明 $PL$ 的博弈语义与 Tarski 式语义是等价的，只需证明下面的引理。

**引理 10.1** 下列双条件句成立：

(1) $M \Vdash^t_{PL} \neg\varphi$ 当且仅当 $M \Vdash^f_{PL} \varphi$;

(2) $M \Vdash^f_{PL} \neg\varphi$ 当且仅当 $M \Vdash^t_{PL} \varphi$;

(3) $M \Vdash^t_{PL} \varphi \vee \psi$ 当且仅当 $M \Vdash^t_{PL} \varphi$ 或 $M \Vdash^t_{PL} \psi$;

(4) $M \Vdash^f_{PL} \varphi \vee \psi$ 当且仅当 $M \Vdash^f_{PL} \varphi$ 且 $M \Vdash^f_{PL} \psi$;

(5) $M \Vdash^t_{PL} \varphi \wedge \psi$ 当且仅当 $M \Vdash^t_{PL} \varphi$ 且 $M \Vdash^t_{PL} \psi$;

(6) $M \Vdash^f_{PL} \varphi \wedge \psi$ 当且仅当 $M \Vdash^f_{PL} \varphi$ 或 $M \Vdash^f_{PL} \psi$;

(7) $M \Vdash^t_{PL} \varphi ⩙ \psi$ 当且仅当 $M \Vdash^t_{PL} \varphi$ 且 $M \Vdash^t_{PL} \psi$;

(8) $M \Vdash^f_{PL} \varphi ⩙ \psi$ 当且仅当 $M \Vdash^f_{PL} \varphi$ 且 $M \Vdash^f_{PL} \psi$。

证明 我们只证明 (3) 和 (7)，其他的留给读者。

对 (3)，我们有 $M \Vdash^t_{PL} \varphi \vee \psi$ 当且仅当 $\exists$ 在 $G(\varphi \vee \psi, M)$ 中有赢策略 (据定义 10.4) 当且仅当 $\exists$ 在 $G(\varphi, M)$ 或在 $G(\psi, M)$ 中有赢策略 (因为 $G(\varphi \vee \psi, M)$ 的第一步该 $\exists$ 走) 当且仅当 $M \Vdash^t_{PL} \varphi$ 或 $M \Vdash^t_{PL} \psi$ (据定义 10.4)。

对 (7) 的从左至右，设 $M \Vdash^t_{PL} \varphi ⩙ \psi$. 则据定义 10.4, $\exists$ 在 $G(\varphi ⩙ \psi, M)$ 有赢策略。因为 $G(\varphi ⩙ \psi, M)$ 的第一步是随机行动，$\exists$ 必须在 $G(\varphi \vee \psi, M)$ 和 $G(\varphi \wedge \psi, M)$ 中都有赢策略。由后者，$\exists$ 必须在 $G(\varphi, M)$ 和 $G(\psi, M)$ 中都有赢策略，因为 $G(\varphi \wedge \psi, M)$ 的第一步该 $\forall$ 走。据定义 10.4, 我们有 $M \Vdash^t_{PL} \varphi$ 且 $M \Vdash^t_{PL} \psi$。

对 (7) 的另一个方向，假设 $M \Vdash^t_{PL} \varphi$ 且 $M \Vdash^t_{PL} \psi$。则据定义 10.4, $\exists$ 在

① 这种情况与 IF 逻辑中 $\forall x(\exists y/x)(x = y)$ 的赋值博弈类似，其中也是没有一个博弈者有赢策略。

$G(\varphi,M)$ 和 $G(\psi,M)$ 中都有赢策略。因此，$\exists$ 在 $G(\varphi\vee\psi,M)$ 中有赢策略 (任选 $\varphi\vee\psi$ 的一个析取枝)。$\exists$ 在 $G(\varphi\wedge\psi,M)$ 中也有赢策略，无论 $\forall$ 第一步选择了 $\varphi$ 还是 $\psi$：如果 $\forall$ 选择了 $\varphi$，则 $\exists$ 采用 $G(\varphi,M)$ 中的赢策略；如果 $\forall$ 选择了 $\psi$，则 $\exists$ 采用 $G(\psi,M)$ 中的赢策略。这样，无论随机行动在.$G(\varphi\between\psi,M)$ 中选择 $\vee$ 还是 $\wedge$，$\exists$ 在 $G(\varphi\between\psi,M)$ 中均有赢策略：如果 $\vee$ 被选中了，则 $\exists$ 采用 $G(\varphi\vee\psi,M)$ 中的赢策略；如果 $\wedge$ 被选中，则 $\exists$ 采用 $G(\varphi\wedge\psi,M)$ 中的赢策略。据定义 10.4，我们有 $M\Vdash^t_{PL}\varphi\between\psi$。

□

下面的定理表明，$PL$ 的博弈语义与 Tarksi 语义是等价的。

**定理 10.1** 对任意 $\varphi\in\mathcal{L}_{PL}$ 和部分模型 $M$，

(1) $M\models^t_{PL}\varphi$ 当且仅当 $M\Vdash^t_{PL}\varphi$；

(2) $M\models^f_{PL}\varphi$ 当且仅当 $M\Vdash^f_{PL}\varphi$。

证明 直接由定义 10.3 和引理 10.1 施归纳于 $\varphi$ 可得。

□

### 10.2.3 *PL* 的其他博弈语义

上面给出的 $\between$ 的博弈规则与 $\vee$ 和 $\wedge$ 的博弈规则有两方面的不同。一方面，该规则的行动不是由任何一个博弈者完成的，而是由某个随机机制完成的；另一方面，其后继博弈中的关联公式不是随机行动关联的公式的子公式。这两方面都可以改造得更符合常规。我们首先考虑后一方面，在下一小节我们再考虑前一方面。

注意到 $G(\psi\between\chi,M)$ 中的随机行动是将博弈转换成 $G(\psi\vee\chi,M)$ 和 $G(\psi\wedge\chi,M)$ 中不确定之一。$G(\psi\vee\chi,M)$ 和 $G(\psi\wedge\chi,M)$ 的不同在于，前者是证实者先走，后者是证伪者先走。二者所允许的行为集是相同的。经过选择后，二者的后继博弈都是 $G(\varphi,M)$ 或 $G(\psi,M)$，具体是哪一个依之前被选择的公式而定。这样，$G(\varphi\between\psi,M)$、$G(\varphi\vee\psi,M)$ 和 $G(\varphi\wedge\psi,M)$ 三者之间的差别仅在于谁先走：与 $G(\varphi\vee\psi,M)$ 由证实者先走和 $G(\varphi\wedge\psi,M)$ 由证伪者先走不同，$G(\varphi\between\psi,M)$ 由随机确定的某个博弈者先走，剩下的博弈结构三者是一样的。考虑到这一点，我们对 $\between$ 有如下的替代规则：

**(Ra1.⩙)** $G(\psi ⩙ \chi, M)$ 由证实者或证伪者挑选 $\theta \in \{\psi, \chi\}$, 具体由谁挑选是随机的, 然后博弈按 $G(\theta, M)$ 进行。

按照这个规则, 由 ⩙ 驱动的随机行动不再是由某个随机机制完成, 而是由博弈者完成。但由于指派哪个博弈者来完成这个行动是随机的, (Ra1.⩙) 本质上是随机完成的, 但与 (R.⩙) 不同的是, 可选的行为变成 $\varphi$ 的子公式了。在效果上, 上述规则与下面的规则是等价的:

**(Ra2.⩙)** $G(\psi ⩙ \chi, M)$ 由随机机制挑选 $\theta \in \{\psi, \chi\}$, 然后博弈按 $G(\theta, M)$ 进行。

按照这个规则, $\psi ⩙ \chi$ 被理解为公式 $\psi$ 和 $\chi$ 中不确定之一, 而不再是前面的 $\psi \vee \chi$ 和 $\psi \wedge \chi$ 中不确定之一。

不难发现, 由 I(Ra2.⩙) 给出的语义博弈与 Blinov 为演示带随机行动的语义博弈而设想的博弈是相同的 (参见 10.1 节), 不同的只是我们补充了联结词。通过这种方式, 我们实现了 Blinov 的将某个逻辑算子解释为随机行动的设想。当然, 我们不能声称这就恰好是 Blinov 想要的, 因为 Blinov 并未具体说明在逻辑算子与随机行动的对应中, 哪些条件应该满足。他只是建议, 找到这个对应后, 随机行动就可以出现在语义博弈的任何阶段了, 而不仅仅是博弈的开始。同时, 他也没有具体说明, 什么样的随机行动是允许的: 他在刚开始给出的随机行动是随机的选择子公式, 而在 Thomason 的时态逻辑中, 随机行动又是随机的选择解析赋值。对于前一类随机行动, interjunction 似乎是一个恰当的对应, 至少我们证明了相同的表达博弈语义与 Tarski 式语义等价的定理。我们还表明了, 在析取与合取之间随机的选择一个联结词也与 interjunction 对应。但其他类型的随机行动对应什么样的逻辑算子呢? 它们仍然与 interjunction 对应吗? 我们将在 10.2.5 节和最后一节回到这个问题。

### 10.2.4 引入第三个博弈者

正如 Blinov 建议的, 上述赋值博弈的随机行动可以通过明确指定一个新的博弈者来完成, 但该博弈者对于博弈的输赢没有兴趣。换句话说, 这第三个博弈者并不对需要考察的公式的真假作出承诺。通过引入这样一个博弈者，这个行为是否是随机的就无关紧要了，即随机行动的概率分布对于证实者和证伪者的赢策略没有影响。等价的，只要该行动是由第三个博弈者完成的，该行动是否是随机的并不改变相关公式的真假。这样，在 $PL$ 的赋值博弈中，我们可以通过引入第三个博弈者来代替随机行动。

令 $M = (M^+, M^-)$ 为一个部分模型，令 $\varphi$ 为 $\mathcal{L}_{PL}$ 中的公式。三人赋值博弈 $G(\varphi, M)$ 中的博弈者分别记为 $\exists, \forall$ 和 $\partial$。前两个如以前一样，最后一个博弈者对 $\varphi$ 的真假没有兴趣。$\partial$ 的作用是指明公式 $\psi \mathbin{\vee\!\!\!\wedge} \chi$ 究竟是 $\psi \vee \chi$ 还是 $\psi \wedge \chi$ (或者等价的，是 $\psi$ 还是 $\chi$)。联结词 $\vee, \wedge, \neg$ 和原子公式的规则和前面的定义一样。联结词 $\mathbin{\vee\!\!\!\wedge}$ 的规则可以是下面两个中的任何一个：

**(Ra3.$\mathbin{\vee\!\!\!\wedge}$)**　$G(\psi \mathbin{\vee\!\!\!\wedge} \chi, M)$ 由 $\partial$ 选择 $\circ \in \{\vee, \wedge\}$，然后博弈按 $G(\psi \circ \chi, M)$ 进行。

**(Ra4.$\mathbin{\vee\!\!\!\wedge}$)**　$G(\psi \mathbin{\vee\!\!\!\wedge} \chi, M)$ 由 $\partial$ 选择 $\theta \in \{\psi, \chi\}$，然后博弈按 $G(\theta, M)$ 进行。

在赋值博弈中引入第三个博弈者 $\partial$ 非常类似于在博弈论中引入称之为 Nature 的伪玩家。Nature 通常用来表示环境的不确定性。作为一个博弈者，她对赢得博弈不感兴趣：她在博弈中的行动只是用来确定环境的。用博弈论术语来说，Nature 没有效用函数。这也是为什么她是“伪”玩家。因为 Nature 的效用函数是未定义的，我们也可以认为 Nature 是一个部分玩家。

类似的，$\partial$ 在我们的赋值博弈中也是一个伪玩家 (或部分玩家)。她对赢得博弈没有兴趣，其行动是用来确定联结词 $\mathbin{\vee\!\!\!\wedge}$(或由其复合的公式)。在下一节，我们将表明，由 Sandu 和 Pietarinen 为命题逻辑提出的带不完美信息的博弈可以通过引入一个伪玩家 $\partial$ 转换为完美信息的博弈。①

Nature 与 $\partial$ 的区别有些微妙。由于缺少效用函数，Nature 的行动对于其他博弈者而言是不可预料的。但 $\partial$ 的不可预料性更高，因为 Nature 通常具有一个已知的概率分布，而 $\partial$ 则没有。这一区别也反映了不确定性 (由 Nature 表示) 和部分性 (由 $\partial$ 表示) 的区别。这一区别暗示着一种修正的语义博弈。

① 这有点类似于 Harsanyi (1967) 工作的逆。Harsanyi 证明了不完全信息博弈都可以转换为不完美信息博弈，因为博弈者对其他博弈者效用函数的无知可以转换为对 Nature 过去行动的无知。

在修正后的赋值博弈中，$\partial$ 的行动被赋予一个 $\{\vee, \wedge\}$ 上的 (或更一般的，一个逻辑算子集、公式集或给定模型的论域集上的) 概率分布，这将导致一个公式不是只有真假，而是有关于真假概率的逻辑。①

### 10.2.5 从部分联结词到部分量词

在 Blamey 的部分逻辑中，没有与联结词 $\between$ 对应的量词。但随机行动或伪玩家的思想也可以移植到量词。

我们现在考虑的句法是标准的一阶逻辑语言再加上一个新的量词 $\partial$, 即，当 $\varphi$ 是公式时，$\partial x\varphi$ 也是公式。部分模型和部分指派如从前一样定义。为了得到该语言的赋值博弈，只需要在标准一阶逻辑的赋值博弈上增加一条关于 $\partial$ 的规则。这有几种不同的方式处理。正如 $\between$ 有若干等价的博弈规则一样，下面的任意一条规则对 $\partial$ 都可行。注意我们这里稍微滥用了记号 $\exists$, $\forall$, 和 $\partial$, 它们既表示量词又表示博弈者。上下文使得二者不会发生混淆。

**(R.$\partial$)** $G(\partial x\psi, M, g)$ 由随机机制选择 $Q \in \{\exists, \forall\}$ , 然后博弈按 $G(Qx\psi, M, g)$ 进行。

**(Ra1.$\partial$)** $G(\partial x\psi, M, g)$ 由证实者或证伪者选择 $Q \in \{\exists, \forall\}$, 具体由谁选择是随机确定的，然后博弈按 $G(Qx\psi, M, g)$ 进行。

**(Ra2.$\partial$)** $G(\partial x\psi, M, g)$ 由随机机制选择 $a \in M$, 然后博弈按 $G(\psi, M, g[x/a])$ 进行。

**(Ra3.$\partial$)** $G(\partial x\psi, M, g)$ 由 $\partial$ 选择 $Q \in \{\exists, \forall\}$, 然后博弈按 $G(Qx\psi, M, g)$ 进行。

**(Ra4.$\partial$)** $G(\partial x\psi, M, g)$ 由 $\partial$ 选择 $a \in M$, 然后博弈按 $G(\psi, M, g[x/a])$ 进行。

这样，我们找到了一个新的对应随机行动的逻辑算子。但不难验证，如果将 $\between$ 加入上述语言，那么 $\partial$ 可以由标准量词加 $\between$ 来定义。事实上，我们有 $\partial x\varphi \equiv \exists x\varphi \between \forall x\varphi$。这里的等价是强意义上的等价，即在任何模型和指派下，$\partial x\varphi$ 真 (假) 当且仅当 $\exists x\varphi \between \forall x\varphi$ 真 (假)。

---

① Blinov (1994) 也提出了类似的思想。也参见 van Benthem, 2004。

## 10.3 从 IF 逻辑到部分逻辑

### 10.3.1 IF 命题逻辑与部分逻辑

Sandu 和 Pietarinen (2001) 引入了称为 transjunction 的四元联结词 $W$，其 Tarski 式定义如下：

(1) $M \models^t W(\varphi_{11}, \varphi_{12}, \varphi_{21}, \varphi_{22})$ 当且仅当 $(M \models^t \varphi_{11}$ 且 $M \models^t \varphi_{21})$ 或 $(M \models^t \varphi_{12}$ 且 $M \models^t \varphi_{22})$；

(2) $M \models^f W(\varphi_{11}, \varphi_{12}, \varphi_{21}, \varphi_{22})$ 当且仅当 $(M \models^f \varphi_{11}$ 且 $M \models^f \varphi_{12})$ 或 $(M \models^f \varphi_{21}$ 且 $M \models^f \varphi_{22})$。

公式 $W(\varphi_{11}, \varphi_{12}, \varphi_{21}, \varphi_{22})$ 也可以用 IF 语言的形式写成如下样式：

$$(\varphi_{11}(\vee/\wedge)\varphi_{12}) \wedge (\varphi_{21}(\vee/\wedge)\varphi_{22})$$

他们为该联结词定义了一个包含不完美信息的赋值博弈。给定上述语言中的公式 $\varphi$ 和部分模型 $M$，$\varphi$ 关于 $M$ 的赋值博弈 $G'(\varphi, M)$ 中对 $W$ 的博弈规则定义如下：

**(R.$W$)** $G'((\varphi_{11}(\vee/\wedge)\varphi_{12})\wedge(\varphi_{21}(\vee/\wedge)\varphi_{22}), M)$ 由证伪者选择 $i \in \{1, 2\}$，然后博弈按 $G'(\varphi_{i1}(\vee/\wedge)\varphi_{i2}, M)$ 进行，该博弈进一步由证实者“独立于”证伪者选择 $j \in \{1, 2\}$，最后博弈按 $G'(\varphi_{ij}, M)$ 进行。

上述定义联结词的思想与定义 IF 量词的思想是类似的。事实上，包含 $W$ 的命题逻辑被称之为 IF 命题逻辑。[①] 他们没有直接给出 interjunction 的博弈解释，而只是表明，transjunction 强于 interjunction，因为后者可以由前者来定义。但我们表明，前者也可以通过后者来定义。

**命题 10.1** 令 $M$ 为部分模型，则

(1) $M \models^t W(\varphi_{11}, \varphi_{12}, \varphi_{21}, \varphi_{22})$ 当且仅当

$M \models^t ((\varphi_{11} \vee \varphi_{12}) \wedge (\varphi_{21} \vee \varphi_{22})) \mathbin{\vee\!\!\!\!\wedge} ((\varphi_{11} \wedge \varphi_{21}) \vee (\varphi_{12} \wedge \varphi_{22}))$

(2) $M \models^f W(\varphi_{11}, \varphi_{12}, \varphi_{21}, \varphi_{22})$ 当且仅当

$M \models^f ((\varphi_{11} \vee \varphi_{12}) \wedge (\varphi_{21} \vee \varphi_{22})) \mathbin{\vee\!\!\!\!\wedge} ((\varphi_{11} \wedge \varphi_{21}) \vee (\varphi_{12} \wedge \varphi_{22}))$

---

①对于 IF 命题逻辑的应用，可参见 Pietarinen, 2001。

证明　证明是根据二者的真值条件的简单 (但有点烦琐的) 验证。[①]

(1) $M \models^t ((\varphi_{11} \vee \varphi_{12}) \wedge (\varphi_{21} \vee \varphi_{22})) \mathbin{\wedge\!\!\!\vee} ((\varphi_{11} \wedge \varphi_{21}) \vee (\varphi_{12} \wedge \varphi_{22}))$ 当且仅当 $M \models^t (\varphi_{11} \vee \varphi_{12}) \wedge (\varphi_{21} \vee \varphi_{22})$ 且 $M \models^t (\varphi_{11} \wedge \varphi_{21}) \vee (\varphi_{12} \wedge \varphi_{22})$ 当且仅当 ($M \models^t \varphi_{11} \vee \varphi_{12}$ 且 $M \models^t \varphi_{21} \vee \varphi_{22}$) 且 ($M \models^t \varphi_{11} \wedge \varphi_{21}$ 或 $M \models^t \varphi_{12} \wedge \varphi_{22}$) 当且仅当 $M \models^t \varphi_{11} \wedge \varphi_{21}$ 或 $M \models^t \varphi_{12} \wedge \varphi_{22}$ 当且仅当 ($M \models^t \varphi_{11}$ 且 $M \models^t \varphi_{21}$) 或 ($M \models^t \varphi_{12}$ 且 $M \models^t \varphi_{22}$) 当且仅当 $M \models^t W(\varphi_{11}, \varphi_{12}, \varphi_{21}, \varphi_{22})$，注意到 $M \models^t \varphi_{11} \wedge \varphi_{21}$ 或 $M \models^t \varphi_{12} \wedge \varphi_{22}$ 蕴含 $M \models^t \varphi_{11} \vee \varphi_{12}$ 且 $M \models^t \varphi_{21} \vee \varphi_{22}$。

(2) $M \models^f ((\varphi_{11} \vee \varphi_{12}) \wedge (\varphi_{21} \vee \varphi_{22})) \mathbin{\wedge\!\!\!\vee} ((\varphi_{11} \wedge \varphi_{21}) \vee (\varphi_{12} \wedge \varphi_{22}))$ 当且仅当 $M \models^f (\varphi_{11} \vee \varphi_{12}) \wedge (\varphi_{21} \vee \varphi_{22})$ 且 $M \models^f (\varphi_{11} \wedge \varphi_{21}) \vee (\varphi_{12} \wedge \varphi_{22})$ 当且仅当 ($M \models^f \varphi_{11} \vee \varphi_{12}$ 或 $M \models^f \varphi_{21} \vee \varphi_{22}$) 且 ($M \models^f \varphi_{11} \wedge \varphi_{21}$ 且 $M \models^f \varphi_{12} \wedge \varphi_{22}$) 当且仅当 $M \models^f \varphi_{11} \vee \varphi_{12}$ 或 $M \models^f \varphi_{21} \vee \varphi_{22}$ 当且仅当 ($M \models^f \varphi_{11}$ 且 $M \models^f \varphi_{12}$) 或 ($M \models^f \varphi_{21}$ 且 $M \models^f \varphi_{22}$) 当且仅当 $M \models^f W(\varphi_{11}, \varphi_{12}, \varphi_{21}, \varphi_{22})$，注意到 $M \models^f \varphi_{11} \vee \varphi_{12}$ 或 $M \models^f \varphi_{21} \vee \varphi_{22}$ 蕴含 $M \models^f \varphi_{11} \wedge \varphi_{21}$ 且 $M \models^t \varphi_{12} \wedge \varphi_{22}$。

□

该命题的后果是，IF 命题逻辑的赋值博弈可以等价地转换为部分逻辑的赋值博弈。更严格的表述，我们记 IF 命题逻辑的语言为 $\mathcal{L}_{IFP}$，则可定义从 $\mathcal{L}_{IFP}$ 到 $\mathcal{L}_{PL}$ 的映射如下。

**定义 10.5**　翻译函数 $' : \mathcal{L}_{IFP} \to \mathcal{L}_{PL}$ 递归定义如下：

(1) $p' = p$，若 $p \in PV$；

(2) $(\neg\varphi)' = \neg\varphi'$；

(3) $(\varphi \vee \psi)' = \varphi' \vee \psi'$；

(4) $(\varphi \wedge \psi)' = \varphi' \wedge \psi'$；

(5) $W(\varphi_{11}, \varphi_{12}, \varphi_{21}, \varphi_{22})' = ((\varphi'_{11} \vee \varphi'_{12}) \wedge (\varphi'_{21} \vee \varphi'_{22})) \mathbin{\wedge\!\!\!\vee} ((\varphi'_{11} \wedge \varphi'_{21}) \vee (\varphi'_{12} \wedge \varphi'_{22}))$。

**命题 10.2**　对任意 $\varphi \in \mathcal{L}_{IFP}$ 和部分模型 $M$，

(1) ∃ 在 $G'(\varphi, M)$ 有赢策略，当且仅当 ∃ 在 $G(\varphi', M)$ 有赢策略。

① 下面的记号 $\models$ 是有歧义的，它有时指 IF 命题逻辑中的可满足关系，有时指部分逻辑中的可满足关系。更严格的证明需要施归纳于公式的结构。

(2) $\forall$ 在 $G'(\varphi, M)$ 有赢策略，当且仅当 $\forall$ 在 $G(\varphi', M)$ 有赢策略。

这样，我们就把包含不完美信息的博弈 $G'(\varphi, M)$ 转换成了完美信息博弈 $G(\varphi', M)$，在后一个博弈中的任何阶段，每个博弈者都知道所有博弈者 (包括她自己) 过去的所有行动，博弈中不再含有不完美信息。注意到，$G(\varphi', M)$ 由于引入了随机行动可能包含不完全信息。不过，正如 10.2.4 节表明的，即使不完全信息也可以通过明确引入一个新的博弈者来消除。

上述结果恢复了 Hodges (1997) 对于 IF 联结词的一个评论。他认为，由于具有不完美信息的证实者可以通过当前所博弈的公式，推断出其对手在前一步的选择，IF 联结词并没有真正包含不完美信息。Sandu 和 Pietarinen 试图通过将析取和合取处理为限定性量词而避免这一困难，因此此时博弈者选取的不再是子公式，而是公式的下标。上面给出的翻译表明，这种解决可能只是表面上的。这个结果也暗示，联结词之间的独立性可能本质上是一种部分性现象。①

### 10.3.2 IF 逻辑与部分逻辑

注意到，IF 命题公式

$$(\varphi_{11}(\vee/\wedge)\varphi_{12}) \wedge (\varphi_{21}(\vee/\wedge)\varphi_{22})$$

可以写成

(a) $\forall i \in \{1,2\}(\exists j \in \{1,2\}/i)\varphi(i,j)$

这种限定性 IF 量词的形式。相应的，其等价的部分逻辑公式可以写成

(b) $\forall i \in \{1,2\}\exists j \in \{1,2\}\varphi(i,j) \between \exists j \in \{1,2\}\forall i \in \{1,2\}\varphi(i,j)$

这就提出了一个问题：IF 一阶公式是不是也可以等价的转换成 (一阶) 部分逻辑？相应的，IF 一阶逻辑的赋值博弈中的不完美信息是否是必要的？对第一个问题的一般性回答是否定的。因为我们知道，IF 一阶逻辑的表达力等价于存在性二阶逻辑，而扩充了量词的部分逻辑也仍然是一阶的。对第二个问题的回答则有些微妙。尽管 Väänänen (2002) 给出了 IF 一阶逻辑的完

① Sandu 和 Pietarinen (2001) 也讨论了 IF 命题逻辑与部分逻辑之间的联系。但由于他们认为 transjunction 强于 interjunction，他们似乎不会同意 IF 联结词本质上是部分联结词。

美信息博弈，但却是通过提高语义博弈的阶达到的：博弈者关于量词的选择不再是模型论域中的个体，而是函数。我们并不认为 IF 一阶逻辑可以用一阶的完美信息博弈来刻画。不过我们指出，IF 一阶逻辑的一个 (具有完美回忆的) 片段可以用完美信息的一阶赋值博弈来刻画。这里我们仅举一个例子来说明这一点，更一般的结果留待后续研究。

众所周知的是，下面的 IF 公式

(c) $\forall x(\exists y/x)\varphi(x,y)$

弱等价于 $\exists y\forall x\varphi(x,y)$，即在相同模型中，它们同真但不通假。并且，没有标准的一阶公式强等价于它，因为 (c) 可以既不真也不假，而标准一阶逻辑是二值的。但在标准一阶逻辑上添加 $\between$ 则可以同时刻画上述 IF 公式的真和假。事实上，不难验证，下述部分逻辑中的公式与 (c) 是等价的。

(d) $\forall x\exists y\varphi(x,y) \between \exists y\forall x\varphi(x,y)$

(c) 与 (d) 的等价恰如 (a) 与 (b) 的等价，只是量词不再是限定的。这个例子表明，有些独立量词可以看作是不确定次序的依赖量词。独立性与非决定性之间的联系需要更进一步的探索和研究。

## 10.4 逻辑博弈与博弈逻辑

我们基于 Hintikka 传统的逻辑博弈给出了部分逻辑的博弈语义。我们表明，由随机行动带来的不完全信息与由 interjunction 联结词带来的部分性相关联。通过比较部分逻辑与 IF 逻辑，我们表明博弈中的不完美信息与 IF 逻辑之间的联系值得进一步考察。IF 逻辑与博弈之间的单一联系可能实际上是众多不同逻辑与不同博弈之间的多个联系的混合。本章只是研究不完全信息博弈与逻辑之间关联的一个起步。指出若干值得进一步探索的工作。

**走向其他赋值博弈**　已经看到，赋值博弈中的不同随机行动对应不同的逻辑算子。选择子公式的随机行动对应联结词 interjunction，选择给定模型中的对象的随机行动对应部分量词 $\partial$，尽管它可以被 interjunction 定义。其他的随机行动或其他赋值博弈的随机行动对应什么逻辑算子呢？如模态逻辑。可以很自然地构想一个与随机选择可能世界对应的新的模态算子 $\odot$，该

模态算子可以是 □ 和 ◇ 中不确定之一。类似的，可以证明 $\odot\varphi \equiv \Box\varphi \between \Diamond\varphi$。这种归约表明 interjunction 在带随机行动的赋值博弈中是一个基本的逻辑算子。进一步，我们可以问，在刻画 IF 模态逻辑中[①]，不完美信息是否是必要的，以及 IF 模态逻辑与部分 (模态) 逻辑之间的关系。

**走向其他逻辑博弈** 在 Blinov 的论文中，语义博弈实际上指的是赋值博弈。但没有理由只在赋值博弈中考虑随机行动。在其他逻辑博弈 (如 Ehrenfeucht-Fraïssé博弈) 中引入随机行动会如何呢？这里有两种可能的方式处理、一种是将博弈某些阶段中复制者的行动替换为随机行动、另一种是将捣乱者的行动替换为随机行动。当然，也可以将二者结合起来。易见，前一种处理对于捣乱者赢策略的存在性不会发生影响，而后一种处理对于复制者赢策略的存在性不会发生影响。注意到前一种处理将要求一种比同构更加严格的条件才能使复制者有赢策略。这看上去有些无理。但我们可以通过弱化获胜条件来使得这一概念变得有意义，如将部分同构弱化为部分同态。这或许可以得到一种新的模型间的关系。

**从逻辑博弈到博弈逻辑** 在逻辑与博弈的互动中，逻辑并不总是被动的。它也可以反过来 (具体的或抽象的) 刻画博弈。van Benthem (2001, 2006) 已经令人信服地表明如何用动态认知逻辑在具体层面上刻画不完美信息博弈。不同的不完美信息可以通过该逻辑语言得到区分。对于不完全信息博弈呢？动态认知逻辑足够刻画不完全信息博弈吗？还是需要添加像 interjunction 这样的逻辑算子才行？考虑到如同 Harsanyi(1967) 在博弈论中证明的不完全信息博弈可以转换为不完美信息博弈，似乎不需要添加新的算子。事实上，这是 van Benthem(2005) 中列出的一个开问题。同样的问题在抽象的层面也存在。在由 Parikh (1985) 提出的刻画抽象逻辑的博弈逻辑 $GL$ 中，算子 $\cup$ 用来表示两个博弈的复合。博弈 $G_1 \cup G_2$ 由守方选择一个子博弈 $G_1$ 或 $G_2$ 继续进行。我们也可以为攻方引入一个选择算子 $\cap$，表示博弈 $G_1 \cap G_2$ 由攻方选择一个子博弈 $G_1$ 或 $G_2$ 继续进行。如果引入对偶算子 $^d$，$G_1 \cap G_2$ 可以被定义为 $(G_1^d \cup G_2^d)^d$。然而，在博弈逻辑 $GL$ 中，没有办法表示随机选择一个

① 对 IF 模态逻辑的深入研究，可参见 Tulenheimo, 2004。

子博弈 $G_1$ 或 $G_2$ 进行的博弈。为了表示这种博弈，一种很自然的方法是添加一个新算子 $\sqcap$，可以看作是 $\cup$ 和 $\cap$ 中不确定之一，就如同 interjunction。这样得到的逻辑将更加对称，而不是将 $\cup$ 和 $\cap$ 中的一个还原为另一个。通过添加这个算子，也可能解决同时包含 $^d$ 和 $^*$ 的 $GL$ 的完全性这个开问题。

**博弈等价** 我们给出了部分逻辑的若干不同的赋值博弈，并声称它们是等价的。但这种等价只是就结果而言的：在不同的博弈中，每个博弈者有相同的权力 (power)，而博弈的过程是相当不同的，包含不同的随机行动。这种过程上的差异要求更精细的逻辑来对之进行区分。另外，我们表明命题逻辑的带不完美信息的赋值博弈可以等价地转换成完美信息博弈。这种等价尽管是对赋值博弈而言的，但也可以移植到一般的博弈。可以用公式

$$(G_1(\cup/\cap)G_2)\cap(G_3(\cup/\cap)G_4)$$

表示一个一般的包含不完美信息的博弈，则利用上面建议的算子 $\sqcap$，它等价于下述包含随机行动的完美信息博弈

$$((G_1\cup G_2)\cap(G_3\cup G_4))\sqcap((G_1\cap G_3)\cup(G_2\cap G_4))$$

当然，上面用 / 给出的公式未必能代表所有不完美信息博弈，用 $\sqcap$ 给出的公式也未必能代表所有包含随机行动的博弈，但至少这是一个值得继续探索的方向。

# 参 考 文 献


Abramsky S. 1994. Games and full completeness for multi-plicative linear Logic. Journal of Symbolic Logic, 59(2):543–574.

Abramsky S, Tzevelekos N. 2011. Introduction to categories and categorical logic. In Coecke B, editor. New Structures for Physics. New York: Springer, 3–94.

Aczel P. 1980. Frege structure and the notions of proposition. In Barwise J, Keisler H, Kunen K, editors. The Kleene Symposium. Amsterdam, 31–59.

Anderson C. 1980. Some new axioms for the logic of sense and denotation: alternative (0). Noûs, 14(2):217–237.

Anderson C. 1984. General intensional logic. In Gabbay D, Guenthner F, editors. Handbook of Philosophical Logic. Kluwer Academic Publishers, 355–385.

Awodey S. 2004. An answer to Hellman's question: does category theory provide a framework for mathematical structuralism? Philosophia Mathematica, 12(1):54–64.

Baez J C. 1997. An introduction to n-categories. In Moggi E, Rosolini G, editors. 7th Conference on Category Theory and Computer Science, Lecture Notes in Computer Science, Berlin: Springer, 1–33.

Barwise J. 1983. Situations and Attitudes. The MIT Press.

Barwise J. 1990. Information, Infons, and Inference. In Cooper R, Perry J, editor. Situation Theory and its Applications. CSLI, 1: 33–78.

Barwise J, Perry J. 1981. Semantic innocence and uncompromising situations. In French P, Uehling T, Wettstein H, editors. The Foundations of Analytic Philosophy. Minneapolis: University of Minnesota Press, 387–403.

Bealer G. 1979. Theories of properties, relations and propositions. Journal of Philosophy, 76:634–648.

Bealer G. 1982. Quality and Concept. Clarendon Press.

Bealer G. 1998. Propositions. Mind, 107(425):1–32.

Bealer G, Monnich, U. 2003. Property theories. In Gabbay D M, Guenther F, editors. Handbook of Philosophical Logic. Kluwer Academic Publishers, 143–248.

Blamey S. 1980. Partial Valued Logic. PhD thesis, Oxford University.

Blamey S. 2002. Partial logic. In Gabbay D M, Guenthner F, editors. Handbook of Philosophical Logic. New York: Springer, 261–353.

Blinov A. 1994. Semantic games with chance moves. Synthese, 99(3):311–327.

Bloom S. 1971. Semantics for sentential calculus with identity. Studia Logica, 28:77–82.

Bonanno G. 2002. Modal logic and game theory: two alternative approaches. Risk Decision and Policy, 7(3):309–324.

Burge T. 1978. Belief and synonymy. The Journal of Philosophy, 75(3):119–138.

Carnap R. 1947. Meaning and Necessity: A Study in Semantic and Modal Logic. Chicago: The University of Chicago Press.

Carpenter B. 1997. Type-logical semantics. The MIT Press.

Carroll D. W. 2007. Psychology of Language. 5th edition. Wadsworth Publishing.

Chomsky N. 1995. The Minimalist Program. The MIT Press.

Church A. 1951. A Formulation of the logic of sense and denotation. In Henle P, Kallen H M, Langer S K, editors. Structure, Method, and Meaning. The Liberal Art Press.

Church A. 1954. Intensional isomorphism and identity of belief. Philosophical Studies, 5:65–73.

Church A. 1973. Outline of a revised formulation of the logic of sense and denotation(Part Ⅰ). Noûs, 7:24–33.

Church A. 1974. Outline of a revised formulation of the logic of sense and denotation(Part Ⅱ). Noûs, 8:135-156.

Coecke B, Sadrzadeh M, Clark S. 2010. Mathematical foundations for a compositional distributional model of Meaning. Linguistic Analysis, Festschrift for Joachim Lambek, 36:345–384.

Copestake A, Flickinger D, Pollard C, et al. 2005. Minimal recursion semantics: an introduction. Research on Language & Computation, 3(4):281–332.

Cresswell M. 1975. Hyperintensional logic. Studia Logica, 34:25–38.

Cresswell M. 1985. Structured meanings. The MIT Press.

Czelakowski J. 2001. Protoalgebraic Logics. Kluwer Academic Publishers.

Dalrymple M, Lamping J, Saraswat V. 1993. LFG semantics via constraints. In Proceedings of the 6th meeting of the European ACL. University of Utrecht, 97–105.

Dekker A H. 2002. A category-theoretic approach to social network analysis. Electronic Notes in Theoretical Computer Science, 61:21–33.

Dummett M. 1996. Frege and the paradox of analysis. In Dummett M, editor. Frege and Other Philosophers, Oxford University Press, 17–53.

Ellerman D. 1988. Category theory and concrete universals. Erkenntnis, 28(3):409–429.

Ellerman D. 2009. Counting distinctions: on the conceptual foundations of Shannon's information theory. Synthese, 168(1):119–149.

Erdélyi-Szabó M, Kálmán L, Kurucz A. 2008. Towards a natural language semantics without functors and operands. Journal of Logic, Language and Information, 17(1):1–17.

Firth J R. 1957. Papers in Linguistics 1934-1951. London: Oxford University Press.

Fox C, Lappin S. 2005. Foundations of Intensional Semantics. Wiley-Blackwell.

Fuhrmann A. 1990. Models for relevant modal logics. Studia Logica, 49:501–514.

Gamut L. 1991. Logic, Language and Meaning. Chicago: The University of Chicago Press.

Geach P. 1967. Intentional identity. The Journal of Philosophy, 64(20):627–632.

Ghilardi S, Zawadowski M. 2002. Sheaves, games and model completions: a categorical approach to nonclassical porpositional logics. Kluwer, Academic Pubishers.

Gil D. 2005. Isolating-monocategorial-associational language. In Cohen H, Lefebvre C, editors. Handbook of Categorization in Cognitive Science. Elsevier, 348–379.

Giles R. 1974. A non-classical logic for phiysics. Studia Logica, 33:399–417.

Goldblatt R. 1984. Topoi: The Categorial Analysis of Logic. Dover Publications, revised edition.

Greiman D. 2003. Is Zalta's individuation of intensional entities circular. Metaphysica, 4(2):93–101.

Gust H, Kühnberger K U, Geibel P. 2007. Learning models of predicate logical theories with neural networks based on topos theory. In Hammer B, Hitzler P, editors. Studies in Computational Intelligence. Springer, 233–264.

Haghverdi E, Scott P. 2006. A categorical model for the geometry of interaction. Theoretical Computer Science, 350(2-3):252–274.

Harsanyi J C. 1967. Games with incomplete information played by "Bayesian" players. Management Science, 14(3):159–182.

Healy M J, Caudell T P. 2004. Neural networks, knowledge, and cognition: a mathematical semantic model based upon category theory. Technical report, Department of Electrical and Computer Engineering, University of New Mexico.

Healy M J, Caudell T P, Goldsmith T E. 2008. A model of human categorization and similarity based upon category theory. Technical report, Department of Electrical and Computer Engineering, University of New Mexico.

Hintikka J. 1973. Logic, Language-Games, and Information. Oxford: Clarenden Press.

Hintikka J. 1975. Impossible possible worlds vindicated. Journal of Philosophical Logic, 4(3):475–484.

Hintikka J. 1996. The Principles of Mathematics Revisited. Cambridge: Cambridge University Press.

Hintikka J, Sandu G. 1997. Game-theoretic Semantics. In van Benthem J, ter Meulen A, editors. Handbook of Logic and Language. Elsevier, 361–410.

Hodges W. 1997. Compositional Semantics for a Language of Imperfect Information. Logic Journal of the IGPL, 5(4):539–563.

Johnson M, Mcburney P, Parsons S. 2005. A mathematical model of dialog. Electronic Notes in Theoretical Computer Science, 141(5):33–48.

Johnstone P T. 2003. Sketches of an Elephant: A Topos Theory Compendium. London: Oxford University Press.

Jubien M. 1988. On properties and property theory. In Chierchia G, editor. Properties, Types and Meaning. Dordrecht. Kluwer Academic Publishers, 159–175.

Kleene S C. 1938. On a notation for ordinal numbers. Journal of Symbolic Logic, 3:150–155.

Kokkonidis M. 2007. First-order glue. Journal of Logic, Language and Information, 17(1):43–68.

Krause P, Ambler S, Elvang-Gøransson M, et al. 1995. A logic for argumentation for reasoning under uncertainty. Computational Intelligence, 11:113–131.

Kripke S A. 1963. Semantical analysis of modal logic I: normal modal propositional calculi. Mathematical Logic Quarterly, 9(5-6):67–96.

Kripke S A. 1972. Naming and necessity. In Davidson D, Harman G, editors. Semantics of Natural Language. Reidel.

La Palme Reyes M, Macnamara J, Reyes G E. 1994a. Functoriality and grammatical role in syllogisms. Notre Dame Journal of Formal Logic, 35(1):41–66.

La Palme Reyes M, Macnamara J, Reyes G E, et al. 1994b. The non-Boolean logic of natural language negation. Philosophia Mathematica, 2(1):45–68.

Labelle M. 2005. The Acquisition of Grammatical Categories: the State of the Art. Elsevier. 433–457.

Lambek J. 1988. Categorial and categorical grammars. In Oehrle R, Bach E, Wheeler D, editors. Categorial Grammars and Natural Language Structures. Reidel, 297–317.

Landry E, Marquis J P. 2005. Categories in context: historical, foundational, and philosophical. Philosophia Mathematica, 13(1):1–43.

Lawvere F W, Rosebrugh R. 2003. Sets for Mathematics. Cambridge: Cambridge University Press.

Lewis D. 1970. General semantics. Synthese, 22(1):18–67.

Marquis J P. 2011. Category theory. In Zalta E N, editor. The Stanford Encyclopedia of Philosophy (Spring 2011 Edition). http://plato.stanford.edu/entries/category-theory/.

Mates B. 1952. Synonymity. Urbana, IL: University of Illinois Press.

Meyer J J, van Der Hoek W. 1995. Epistemic Logic for AI and Computer Science. Cambridge: Cambridge University Press.

Montague R. 1973. The proper treatment of quantification in ordinary English. In Hintikka K JJ, Moravcsik JME, Suppes P, editors. Approaches to Natural Language. Springer, 221–242.

Moortgat M. 1997. Categorial type logics. In van Benthem J, Meulen A T, editors, Handbook of Logic and Language. Elsevier, 93–177.

Morril G V. 1994. Type logical grammar: categorial logic of signs. Springer.

Morton A. 2003. A Guide Through the Theory of Knowledge. Blackwell Publishing.

Moschovakis Y. 2004. A logical calculus of meaning and synonymy. Linguistics and philosoghy, 29(1): 27-89.

Moss L. 1999. Coalgebraic logic. Annals of Pure and Applied Logic, 96(1-3):277–317.

Mundici D. 1992. The Logic of Ulam's Game with Lies. Cambridge: Cambridge UniversityPress, 275–284.

Mundici D. 1993. Ulam games, Lukasiewicz logic, and AFC*-algebras. Fund. Inform., 18:151–161.

Muskens R. 2007. Intensional models for the theory of types. Journal of Symbolic Logic, 72(1):98–118.

Myhill J. 1958. Problems arising in the formalization of intensional logic. Logique et Analyse, 1:78–83.

Nowak M, Vanderveken D. 1995. A complete minimal logic of the propositional contents of thought. Studia Logica, 54(3):391–410.

Nute D. 1980. Topics in Conditional Logic. Springer.

Osborne M J, Rubinstein A. 1994. A Course in Game Theory, Cambridge, Mass.: The MIT Press.

Parikh R. 1985. The logic of games and its applications. North-Holland Mathematics Studies, 102:119–139.

Parson C. 1982. Intensional logic in extensional language. Journal of Symbolic Logic, 47(2):289–328.

Partee B. 1974. Opacity and scope. In Munitz M, Unger P, editors. Semantics and Philosophy. New York: New York University Press, 81–101.

Partee B, Hendriks H. 1997. Montague grammar. In von Benthem J, ter Meulen A, editors. Handbook of Logic and Language. The MIT Press, 5–91.

Penco C. 1999. Objective and cognitive context. In Proceedings of Context'99. Springer.

Phillips S, Wilson W. 2010. Categorial Compositionality: A Category Theory Explanation for the Systematicity of Human Cognition. PLoS Comput Biol 6(7): e1000858. doi:10.1371/journal.pcbi.1000858.

Pietarinen A V. 2001. Propositional logic of imperfect information: foundations and applications. Notre Dame Journal of Formal Logic, 42(4):193–210.

Pollard C. 2004. Hyperintensional Semantics, Course: Higher Orde Grammar.

Preller A. 2007. Toward discourse representation via pregroup grammars. Journal of Logic, Language and Information, 16(2):173–194.

Prosorov O. 2006. Sheaf-theoretic formal semantics. Trames, 10(1):57–80.

Quine W V O. 1960. Word and Object. Cambridge. Mass.: The MIT Press.

Ranalter K. 2008. Reasoning about assertions, obligations and causality: on a categorical semantics for a logic for pragmatics. PhD thesis, Queen Mary, University of London & University of Verona.

Rantala V. 1982. Impossible worlds semantics and logical omniscience. Acta Philosophica Fennica, 35:18–24.

Rasmusen E. 2007. Games and Information: An Introduction to Game Theory. 4 edition. Wiley-Blackwell.

Reyes L P M, Macnamara J, Reves G E, Zolfaghari H 1999. Count nouns, mass nouns, and their transformations: a unified category-theoretic semantics. In Jackendoff R, Bloom P, Wynn K, editors. Language, Logic and Concepts. Cambridge: The MIT Press, 427–452.

Richard M. 1997. Propositional attitudes. In Hale B, Wright C, editors. A Companion to the Philosophy of Language. Blackwell Publishing, 197–226.

Rieber S. 1992. Understanding synonyms without knowing that they are synonymous. Analysis, 52:224-228.

Rozen V, Zhitomirski G. 2006. A category theory approach to derived preference relations in some decision making problems. Mathematical Social Sciences, 51:257–273.

Sandu G. 1993. On the logic of informational independence and its applications. Journal of Philosophical Logic, 22(1):29–60.

Sandu G, Pietarinen A V. 2001. Partiality and games: propositional logic. Logic Journal of the IGPL, 9(1):101–121.

Searl J. 1979. Expression and Meaning: Studies in the Theory of Speech Acts. Cambridge: Cambridge University Press.

Seligman J, Moss L. 1997. Situation theory. In van Benthem J, Meulen A, editors. Handbook of Logic and Language. The MIT Press. 239–309.

Suszko R. 1967. An essay in the formal theory of extension and intension. Studia Logica, 20:7–36.

Suszko R. 1973. Adequate models for the non-fregean sentential calculi(SCI). In Radu B, Ilkka N, editors. Logic, Language, and Probability. Springer 49–54.

Suszko R. 1975. Abolition of the fregean axiom. In Logic Colloquium, Symposium on Logic. Boston: Springer-Verlag, 169–239.

Thomason R. 1980. A model theory for propositional attitudes. Linguistics and Philosophy, 47-70.

Tichy P. 1988. The Foundations of Frege's Logic. Walter de Gruyter.

Tulenheimo T. 2004. Independence-friendly modal logic. PhD thesis, University of Helsinki.

Turner R. 1987. A theory of properties. Journal of Symbolic Logic, 52(2):455–472.

Urquhart A. 1972. Semantics for relevant logics. Journal of Symbolic Logic, 37:159–169.

Väänänen J. 2007. Dependence Logic. Cambridge: Cambridge University Press.

Väänänen J, Vaananen J. 2002. On the semantics of informational independence. Logic Journal of the IGPL, 10(3):339–352.

van Benthem J. 2001. Games in dynamic-epistemic logic. Bulletin of Economic Research, 53(4):219–248.

van Benthem J. 2005. Open problems in logic and games. In Artëmov SN, et al. editors. We will Show Them! Essays in Honer of Dov Gabbay. College Publications.

van Benthem J. 2006. The epistemic logic of IF games. In Auxier RE, Hahn LE, editors. The Philosophy of Jaakko Hintikka. Open Court Publishers.

van Benthem J. 2008. 'Games That Make Sense': logic, language, and multi-agent interaction. on games and interaction. Texts in logic and games, 1–13.

Vanderveken D. 2005a. Propositional identity truth according to predication and strong implication with a predicative formulation of modal logic. In Vanderveken D, editor. Logic, Though and Action. Springer, 185–216.

Vanderveken D. 2005b. Truth, belief and certainty in epistemic logic. In Maier E, Bary C, Huitink J, editors. Proceedings of SuB9. 489–506.

Wittgenstein L. 1953. Philosophical Investigations. Blackwell Publishing, Reprinted in 2001.

Zafiris E. 2005a. Complex systems from the perspective of category theory: Ⅰ. Functioning of the adjunction concept. Axiomathes, 15(1):147–158.

Zafiris E. 2005b. Complex systems from the perspective of category theory: Ⅱ. Covering systems and sheaves. Axiomathes, 15(2):181–190.

Zalta E. 1983. Abstract Objects. Springer.

Zalta E. 1988. Intensional Logic and Metaphysics of Intensionality. The MIT Press.

Zalta E. 1997. A classically-based theory of impossible worlds. Notre Dame Journal of Formal Logic, 38(4):640–660.

# 主 题 词 表

伴随 adjoint

博弈语义 game-theoretical semantics

部分逻辑 partial logic

层 sheaf

超内涵逻辑 hyperintensional logic

乘法 multiplication

乘积范畴 product category

从物 de re

从言 de dicto

单群 monoid

单群范畴 monoidal category

单群积 monoidal product

单态射 mono

单位元 unit object

单元 unit

等值子 equalizer

单子 monad

逗号范畴 comma category

对偶范畴 dual category, opposite category

反变函子 contravariant functor

范畴 category

范畴论 category theory

范畴论逻辑 categorical logic

范畴逻辑 categorial logic

泛态射 universal morphism

非弗雷格逻辑 non-Fregean logic

分布语义 distributional semantics

分离性 separability

分裂单态射 split mono

分裂满态射 split epi

分析悖论 paradox of analysis

赋值箭头 evaluation

高阶范畴论 higher category theory

涵义（含义）sense

函子 functor

和 sum

恒等箭头 identity

IF 逻辑 independence-friendly logic

积 product

积箭头 product map

极限 limit

结合子 associator

紧致闭范畴 compact closed category

茎 stalk

局部小范畴 locally small category

卡氏闭范畴 cartesian closed category

拉回 pullback

类型 – 范畴逻辑 type-categorial logic

量入 quantifying-in

逻辑全知 logical omniscience

满态射 epi

内涵 intension

内涵逻辑 intensional logic

内涵同构 intensional isomorphism

内积 inner-product

偏序单群 partially ordered monoid

情境 situation

剩余单群 residualated monoid

始对象 initial object

始态射 initial morphism
双闭单群函子 biclosed monoidal functor
双变函子 bivariant functor
态射 morphism
同构 isomorphism
图例 diagram
拓扑斯 topos
谓词 predicable
谓述 predicate
协变函子 covariant functor
严格单群范畴 strict monoidal category
依附 adjunction
右单位子 right unitor
域 domain
预层 presheaf
余乘 comultiplication
余代数 coalgebra
余单子 comonad
余积 coproduct
余极限 colimit
语境 context
预群 pregroup
预序 preorder
相容性条件 coherence condition
项 terms
小范畴 small category
协域 codomain
张量积 tensor product
指数对象 exponential object
终对象 terminal object
终态射 terminal morphism
锥形 cone
子对象分类器 subobject classifier
自函子 endofunctor
自然变换 natural transformation
自然等价 natural equivalent
自然同构 natural isomorphism
组合性 compositionality
左单位子 left unitor

# 符 号 表

$\mathbf{0}$：始对象

$\mathbf{1}$：终对象

$1_A$：$A$ 的恒等箭头

Ar$\mathcal{C}$：范畴 $\mathcal{C}$ 中所有箭头构成的集合

$A \cong B$：$A$ 与 $B$ 同构

$A \times B$：$A$ 与 $B$ 构成的积范畴

$A + B$：$A$ 与 $B$ 构成的和范畴

$B^A$：$A$ 到 $B$ 的指数对象

$\mathcal{C}(A, B)$：$\mathcal{C}$ 中所有 $A$ 到 $B$ 的箭头构成的集合

$\mathcal{C}^{\mathrm{op}}$：范畴 $\mathcal{C}$ 的对偶范畴

$\mathcal{C}(A, -)$：$A$ 上的（协变）Hom 函子

$\mathcal{C}(-, B)$：$B$ 上的反变 Hom 函子

$\mathcal{C} \times \mathcal{D}$：$\mathcal{C}$ 与 $\mathcal{D}$ 构成的乘积范畴

$\mathcal{C}(-, -)$：$\mathcal{C}$ 的双变 Hom 函子

CHIL：语境符号作为公式的超内涵逻辑

cHIL：语境符号作为初始的超内涵逻辑

$\mathbf{Coalg}(T)$：$T$ 余代数范畴

dom$(f)$：态射 $f$ 的域

cod$(f)$：态射 $f$ 的协域

$f : A \rightarrowtail B$：$f$ 为 $A$ 到 $B$ 的单态射

$f : A \twoheadrightarrow B$：$f$ 为 $A$ 到 $B$ 的满态射

$f \times g$：$f$ 与 $g$ 构成的积箭头

$F : \mathcal{C} \to \mathcal{D}$：$F$ 为 $\mathcal{C}$ 到 $\mathcal{D}$ 的函子

$F : \mathcal{C}^{\mathrm{op}} \to \mathcal{D}$：$F$ 为 $\mathcal{C}$ 到 $\mathcal{D}$ 的反变函子

$F \dashv G$：$F$ 是 $G$ 的左伴随（$G$ 是 $F$ 的右伴随）

$(\mathbf{Fd})\mathbf{Vect}_k$：域 $k$ 上的向量空间范畴

$G(\varphi, M)$：基于公式 $\varphi$ 和模型 $M$ 的语义博弈

$\mathbf{Lat}$：格范畴

$\mathbf{Mon}$：单群范畴

Ob$\mathcal{C}$：范畴 $\mathcal{C}$ 中所有对象构成的集合

$\wp(W)$：$W$ 的幂集

$\mathbf{Set}$：集合范畴

SCI：带等词的命题演算

$t : F \to G$：$t$ 为 $F$ 到 $G$ 的自然变换

$t : F \xrightarrow{\cong} G$：$t$ 是 $F$ 到 $G$ 的自然同构

$Th(\mathsf{S})$：逻辑 $\mathsf{S}$ 的所有理论构成的集合

$Var$：所有命题变元构成的集合

$Var(A)$：$A$ 中所有命题变元构成的集合